能から紐解く日本史

能楽小鼓方大倉流十六世宗家

大倉源次郎

扶桑社

著者近影：能楽小鼓方大倉流十六世宗家　大倉源次郎　撮影：落合星文

『石橋』　即位礼正殿の儀における内閣総理大臣夫妻主催晩餐会にて演奏。

総本山金峯山寺（奈良県吉野郡）本堂。秘仏本尊蔵王権現（約７m）三体のほか、多くの尊像を安置している(61頁参照)　撮影：松井良浩

談山神社（奈良県桜井市）。中臣鎌足と中大兄皇子がこの地で大化の改新のための相談をしたのがその名の由来とされる（73頁参照）。桜の季節に「談山能」が催された。
談山能（2019年４月）『百万』片山九郎右衛門　撮影：松井良浩

五穀豊穣を祈り舞う『翁』のなかの『三番叟』《揉の段》「烏飛び」の場面。
談山能（2019年４月）『三番叟』野村萬斎　撮影：石井宏明

「翁」の装束で両手を広げた姿（206頁参照）
『奉納　翁』観世清和（2019年４月）　撮影：松井良浩

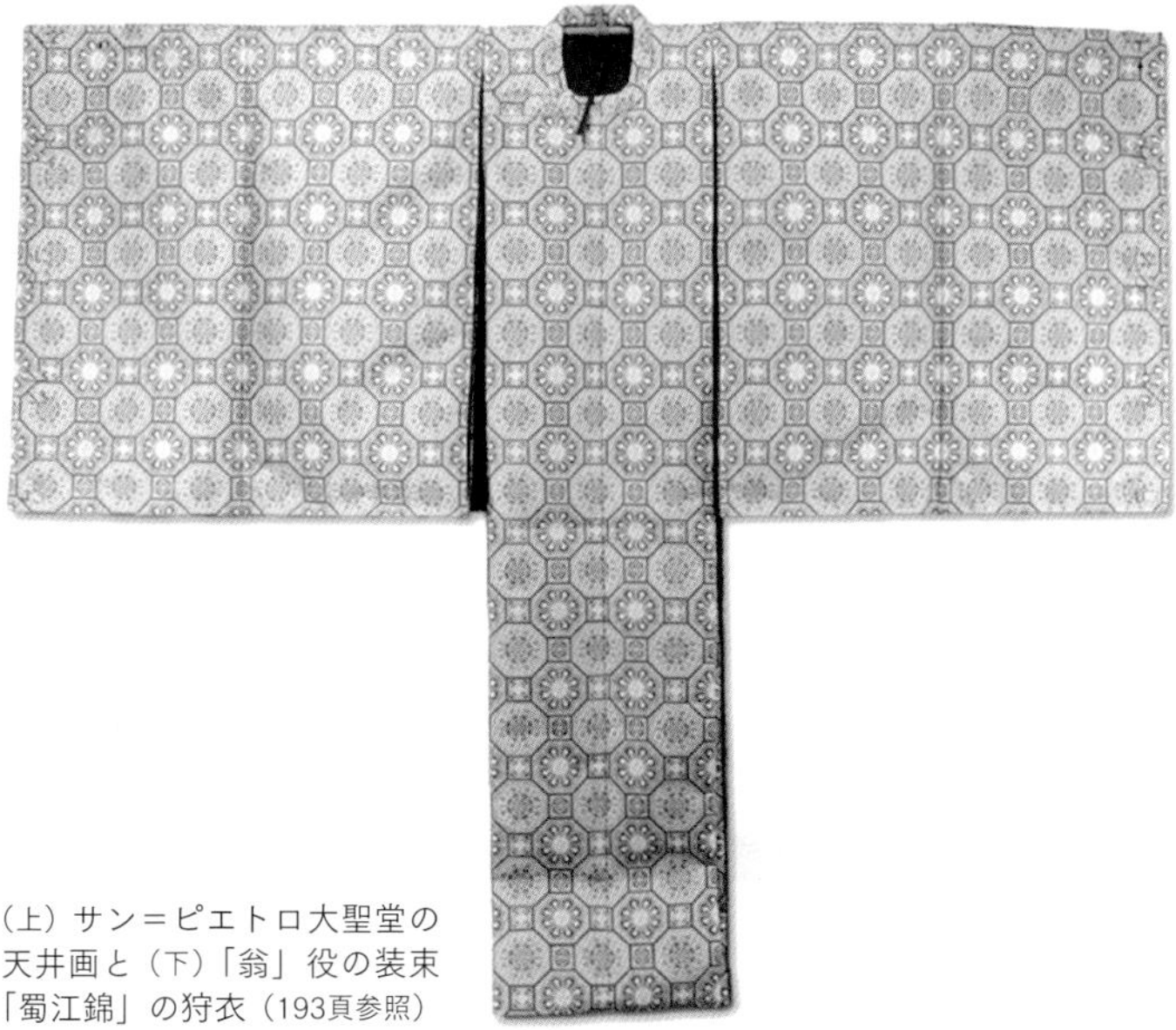

（上）サン＝ピエトロ大聖堂の
天井画と（下）「翁」役の装束
「蜀江錦」の狩衣（193頁参照）

月次風俗図屏風（部分）。一年の各月に行われる年中行事の模様を描いた16世紀の作品。田植えをする人々の傍らで田楽が披露されている様子が描かれた一枚（134頁参照）　出典：ColBase（https://colbase.nich.go.jp/）

能から紐解く日本史

装丁　常松靖史［TUNE］

まえがきにかえて

私はずっと、日本の伝統文化の中で「能楽《のうがく》」を見直すとはどういうことか？　という問いを考え続けてきました。私たちが生きたしるしをいかに次の世代へ伝えるか、その役目を引き継いで、微力ながら必死に精進してきました。

能は、変わらぬ伝統文化として七百年近く、日本人とともにあり続けてきたものです。

たとえば、今でもめでたいお席で謡《うた》われる『高砂《たかさご》』に、「言の葉草の露の玉。心を磨く種となりて」という詞章《ししょう》があります。和歌を詠《よ》むこと、和歌を詠《うた》うことの功徳《くどく》が記されているのです。

シテ　かかるたよりを松が枝の、
地謡《じうたい》　言の葉草の露の玉。心を磨く種となりて、
シテ　生きとし生けるものごとに、
地謡　敷島のかげに寄るとかや。

松は常緑の針葉樹です。その生い茂る緑の葉は〝言葉〟の象徴です。そこに光り輝く露の玉のように美しい言葉を心に添え、集めたものが詩歌でしょう。

和銅五（七一二）年にまとめられた『古事記《こじき》』の冒頭には、暗誦《あんしょう》されていた神話や歴史を太安《おおのやす》万侶《まろ》が文字で書き記すにあたって大変に苦心した、ということが記されています。当時、日本で使われていた大和言葉を書き留めるため、漢字という〝漢《かん》〟の国の文字に工夫を凝《こ》らし、日本オリジナルの文字使いがつくられました。〝万葉仮名《まんようがな》〟です。

その文字を使い、天皇から防人《さきもり》までさまざまな人びとの美しい言葉、四千五百首を集めたものが『万葉集《まんようしゅう》』で、その後に続く『古今和歌集《こきんわかしゅう》』『新古今和歌集《しんこきんわかしゅう》』など勅撰集の歴史は、現代も天皇家が受け継ぐ新年の「宮中歌会始《きゅうちゅううたかいはじめ》」につながっています。

日本は〝言霊《ことだま》の幸《さき》はふ国〟といわれます。夫婦の情けを知り、鬼神の心を和らげる美しい言葉、和歌をつくり続けたことこそが、日本の歴史・伝統の〝柱〟だったのです。

その和歌をテーマにした歌物語を絵解きしてゆく舞台芸術が能楽です。

能楽は、その後に続く文楽・歌舞伎・日本舞踊を生み出しました。その一方、歌物語が〝見立て〟の文化として生活に採り入れられ、自宅にいながら吉野の桜の茶会、龍田の紅葉の茶会を楽しむことを可能にしたのが茶道・花道・香道などです。

能の中でももっとも能らしい能、あるいは〝能にして能にあらず〟ともいわれる曲を挙げるとすれば、真っ先に『翁《おきな》』を思い浮かべる方は多いのではないでしょうか。

新年を言祝《ことほ》ぐ『翁』は、毎年新春、江戸城に全国の大名を集めて上演されていました。〝百姓《おおみたから》〟を春の田植えのときからしっかりと守り、秋の収穫を無事に迎えなければ、翌年翌々年の食料に困窮した時代です。

翁の面はニッコリと微笑んだ老人の顔ですが、平均寿命が四、五十歳の時代には理想の未来の象徴だったでしょう。見方を変えると『翁』は、皆で力を合わせる結団式だったのです。

伝統文化に携《たずさ》わる者として、伝統の柱である美しい言葉を伝えて、理想の未来を手に入れることこそ、私たちのつとめと考えています。日本が日本であり続けるためには、国語……言霊教育をきちんとしないといけません。こういう時代ですが、いえこういう時代だからこそ、たとえば教育の現場で謡曲《ようきょく》を謡い、美しい日本語を伝えよう、といった提案をしたいのです。

歌を詠むという行為には、詠む人自身の感動や恋する心が込められています。詩歌が相手に届くということは、送られた側がその読解力・感受性をもとに言葉を理解することです。すると花として開くし実を結ぶ〝種〟にもなる。「心を磨く種となりて」とは、それを謡っているのです。

美しい言葉を集めて、それを伝える努力をすることは、「伝えた相手にきちんと読み解いてもらう」ということの訓練でもあるわけです。これは片方だけが一所懸命やってもダメでしょう。

お互いがそれをやりとりする文化を育《はぐく》まないといけない、ということなのです。『古事記』の時代から「言向《ことむ》け」「言問《ことと》い」「言和《ことやわ》らぎ」……仲よくした、ということがさまざまに書かれています。このよさをなんとかして伝えたいのです。

この本では、一所懸命「能」を読み解こうとしてみました。なぜなら、今や能の心・解釈は「秘すれば花」では伝わらないからです。現代の私たちの身体でも、昔の人の気持ちを読み解けるように努力しないと、謡曲はもうわからない。悪くすると「そんな古い話はもうやめておけ」「知らなくていい」となってしまう。

絶えず現代の私たちに置き換えて、能作者がこの現代に生きていたら何を言いたかったのか、ということを、観る方々とともに紐解きたい、というのが本書をつくったきっかけです。

本書は、舞台で小鼓《こつづみ》を演奏しながら私が感じてきたことや、謡曲の詞章から私なりに考えたことを語った対話を書き留め、再構成してつくりました。人から聞いたり書物で読んだことを採り入れてもいます。定説や歴史的事実からはずれたことも書いてしまっていると思います。

ですから、「これは間違っているな」と思われることが多いかもしれません。いずれ歴史の研究者や専門家の方たちのアドバイスをぜひ受けたいと思いますが、今の時点では私なりにこのように読み下し、解釈しております。「間違っているが、なるほど源次郎はそういうことを一旦は読み取ったんだな」とご寛恕《かんじょ》いただければと思います。

読者の皆さんも、私たちの会話に参加しているようなお気持ちでお読みいただけましたなら幸甚に存じます。

令和三（二〇二一）年三月

能楽小鼓方大倉《おおくら》流十六世

大倉源次郎

目次

第三章　能の謎の中心——翁《おきな》と秦《はた》氏

大倉源次郎先生が解説！➡
［動画の楽しみ方］

収録されているプログラム【能】

鞍馬天狗（稽古）32p
謡：大倉源次郎
小鼓：大倉伶士郎

葵上（稽古）……41p
謡：大倉源次郎
小鼓：大倉伶士郎

経正（稽古）……45p
謡：大倉源次郎
小鼓：大倉伶士郎

猩々（稽古）…45、180p
謡：大倉源次郎
小鼓：大倉伶士郎

小袖曽我（稽古）46p
謡：大倉源次郎
小鼓：大倉伶士郎

橋弁慶（稽古）…46p
謡：大倉源次郎
小鼓：大倉伶士郎

◎能の演目を動画で鑑賞してみましょう！

スマートフォンやタブレットのアプリなどでQRコードを読み取ります。表示されたURLをブラウザを開くと、本書で紹介した演目の動画が見られます。

収録されているプログラム【能】

国栖（独鼓）……52p
謡：辰巳満次郎
小鼓：大倉伶士郎

田村（独鼓）……73p
謡：辰巳満次郎
小鼓：大倉伶士郎

白鬚（稽古）……80p
謡：大倉源次郎
小鼓：大倉伶士郎

大江山（独鼓）…88p
謡：辰巳満次郎
小鼓：大倉源次郎

養老（稽古）……164p
謡：大倉源次郎
小鼓：大倉伶士郎

石橋（独鼓）……180p
謡：辰巳満次郎
小鼓：大倉源次郎

収録されているプログラム【能】

コラム

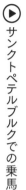

■歴代天皇と時代年表

［漢数字：在位　太字：女性　＊：本書に登場する天皇］

古墳時代

1	神武《じんむ》天皇＊	前六六〇～五八五
2	綏靖《すいぜい》天皇	前五八一～五四九
3	安寧《あんねい》天皇	前五四九～五一一
4	懿徳《いとく》天皇	前五一〇～四七七
5	孝昭《こうしょう》天皇	前四七五～三九三
6	孝安《こうあん》天皇＊	前三九二～二九一
7	孝霊《こうれい》天皇	前二九〇～二一五
8	孝元《こうげん》天皇	前二一四～一五八
9	開化《かいか》天皇	前一五八～九八
10	崇神《すじん》天皇＊	前九七～三〇
11	垂仁《すいにん》天皇＊	前二九～後七〇
12	景行《けいこう》天皇＊	七一～一三〇
13	成務《せいむ》天皇	一三一～一九〇
14	仲哀《ちゅうあい》天皇	一九二～二〇〇
15	応神《おうじん》天皇＊	二七〇～三一〇
16	仁徳《にんとく》天皇	三一三～三九九

古墳時代

17	履中《りちゅう》天皇	四〇〇～四〇五
18	反正《はんぜい》天皇	四〇六～四一〇
19	允恭《いんぎょう》天皇	四一二～四五三
20	安康《あんこう》天皇	四五三～四五六
21	雄略《ゆうりゃく》天皇＊	四五六～四七九
22	清寧《せいねい》天皇	四八〇～四八四
23	顕宗《けんぞう》天皇	四八五～四八七
24	仁賢《にんけん》天皇	四八八～四九八
25	武烈《ぶれつ》天皇＊	四九八～五〇六
26	継体《けいたい》天皇＊	五〇七～五三一
27	安閑《あんかん》天皇＊	五三一～五三五
28	宣化《せんか》天皇＊	五三五～五三九
29	欽明《きんめい》天皇＊	五三九～五七一
30	敏達《びだつ》天皇＊	五七二～五八五
31	用明《ようめい》天皇＊	五八五～五八七
32	崇峻《すしゅん》天皇＊	五八七～五九二

飛鳥時代

代	天皇	在位	都
33	**推古《すいこ》天皇**＊	五九二～六二八	飛鳥豊浦宮 飛鳥小墾田宮
34	舒明《じょめい》天皇＊	六二九～六四一	飛鳥岡本宮 飛鳥田中宮
35	**皇極《こうぎょく》天皇**＊	六四二～六四五	飛鳥板蓋宮
36	孝徳《こうとく》天皇	六四五～六五四	長柄豊碕宮
37	**斉明《さいめい》天皇**＊	六五五～六六一	飛鳥川原宮 後飛鳥岡本宮
38	天智《てんじ》天皇＊	六六八～六七一	近江大津宮
39	弘文《こうぶん》天皇＊	六七一～六七二	
40	天武《てんむ》天皇＊	六七三～六八六	飛鳥浄御原宮
41	**持統《じとう》天皇**＊	六九〇～六九七	
42	文武《もんむ》天皇＊	六九七～七〇七	藤原京

奈良時代

代	天皇	在位	都
43	**元明《げんめい》天皇**＊	七〇七～七一五	
44	**元正《げんしょう》天皇**	七一五～七二四	平城京
45	聖武《しょうむ》天皇＊	七二四～七四九	恭仁京／紫香楽宮／難波宮
46	**孝謙《こうけん》天皇**＊	七四九～七五八	
47	淳仁《じゅんにん》天皇	七五八～七六四	平城京
48	**称徳《しょうとく》天皇**＊	七六四～七七〇	
49	光仁《こうにん》天皇＊	七七〇～七八一	

平安時代

代	天皇	在位	都
50	桓武《かんむ》天皇＊	七八一～八〇六	平城京 長岡京
51	平城《へいぜい》天皇＊	八〇六～八〇九	
52	嵯峨《さが》天皇＊	八〇九～八二三	
53	淳和《じゅんな》天皇＊	八二三～八三三	
54	仁明《にんみょう》天皇＊	八三三～八五〇	
55	文徳《もんとく》天皇＊	八五〇～八五八	
56	清和《せいわ》天皇＊	八五八～八七六	
57	陽成《ようぜい》天皇	八七六～八八四	
58	光孝《こうこう》天皇	八八四～八八七	平安京
59	宇多《うだ》天皇＊	八八七～八九七	
60	醍醐《だいご》天皇＊	八九七～九三〇	
61	朱雀《すざく》天皇	九三〇～九四六	
62	村上《むらかみ》天皇	九四六～九六七	
63	冷泉《れいぜい》天皇	九六七～九六九	
64	円融《えんゆう》天皇	九六九～九八四	
65	花山《かざん》天皇	九八四～九八六	

平安時代

66	67	68	69	70	71	72	73	74	75	76	77	78	79	80	81
一条《いちじょう》天皇	三条《さんじょう》天皇	後一条《ごいちじょう》天皇	後朱雀《ごすざく》天皇	後冷泉《ごれいぜい》天皇	後三条《ごさんじょう》天皇	白河《しらかわ》天皇	堀河《ほりかわ》天皇	鳥羽《とば》天皇	崇徳《すとく》天皇	近衛《このえ》天皇	後白河《ごしらかわ》天皇	二条《にじょう》天皇	六条《ろくじょう》天皇	高倉《たかくら》天皇	安徳《あんとく》天皇
九八六〜一〇一一	一〇一一〜一〇一六	一〇一六〜一〇三六	一〇三六〜一〇四五	一〇四五〜一〇六八	一〇六八〜一〇七二	一〇七二〜一〇八六	一〇八六〜一一〇七	一一〇七〜一一二三	一一二三〜一一四一	一一四一〜一一五五	一一五五〜一一五八	一一五八〜一一六五	一一六五〜一一六八	一一六八〜一一八〇	一一八〇〜一一八五
							平安京								福原宮 平安京

鎌倉時代

82	83	84	85	86	87	88	89	90	91	92	93	94	95	96
後鳥羽《ごとば》天皇	土御門《つちみかど》天皇	順徳《じゅんとく》天皇	仲恭《ちゅうきょう》天皇	後堀河《ごほりかわ》天皇	四条《しじょう》天皇	後嵯峨《ごさが》天皇	後深草《ごふかくさ》天皇	亀山《かめやま》天皇	後宇多《ごうだ》天皇	伏見《ふしみ》天皇	後伏見《ごふしみ》天皇	後二条《ごにじょう》天皇	花園《はなぞの》天皇	後醍醐《ごだいご》天皇
一一八三〜一一九八	一一九八〜一二一〇	一二一〇〜一二二一	一二二一	一二二一〜一二三二	一二三二〜一二四二	一二四二〜一二四六	一二四六〜一二五九	一二五九〜一二七四	一二七四〜一二八七	一二八七〜一二九八	一二九八〜一三〇一	一三〇一〜一三〇八	一三〇八〜一三一八	一三一八〜一三三九

時代	代	天皇	在位期間
室町時代	97	後村上《ごむらかみ》天皇	一三三九～一三六八
室町時代	98	長慶《ちょうけい》天皇	一三六八～一三八三
室町時代	99	後亀山《ごかめやま》天皇	一三八三～一三九二
室町時代	100	後小松《ごこまつ》天皇	一三八二～一四一二 ※南北朝統一
室町時代	101	称光《しょうこう》天皇	一四一二～一四二八
室町時代	102	後花園《ごはなぞの》天皇	一四二八～一四六四
室町時代	103	後土御門《ごつちみかど》天皇	一四六四～一五〇〇
室町時代	104	後柏原《ごかしわばら》天皇	一五〇〇～一五二六
室町時代	105	後奈良《ごなら》天皇	一五二六～一五五七
安土・桃山時代	106	正親町《おおぎまち》天皇	一五五七～一五八六
安土・桃山時代	107	後陽成《ごようぜい》天皇	一五八六～一六一一
江戸時代	108	後水尾《ごみずのお》天皇	一六一一～一六二九
江戸時代	109	**明正《めいしょう》天皇**	一六二九～一六四三
江戸時代	110	後光明《ごこうみょう》天皇	一六四三～一六五四
江戸時代	111	後西《ごさい》天皇	一六五四～一六六三
江戸時代	112	霊元《れいげん》天皇	一六六三～一六八七
江戸時代	113	東山《ひがしやま》天皇	一六八七～一七〇九
江戸時代	114	中御門《なかみかど》天皇	一七〇九～一七三五
江戸時代	115	桜町《さくらまち》天皇	一七三五～一七四七
江戸時代	116	桃園《ももぞの》天皇	一七四七～一七六二
江戸時代	117	**後桜町《ごさくらまち》天皇**	一七六二～一七七〇
江戸時代	118	後桃園《ごももぞの》天皇	一七七〇～一七七九
江戸時代	119	光格《こうかく》天皇＊	一七七九～一八一七
江戸時代	120	仁孝《にんこう》天皇	一八一七～一八四六
江戸時代	121	孝明《こうめい》天皇	一八四六～一八六六
現代	122	明治《めいじ》天皇	一八六七～一九一二
現代	123	大正《たいしょう》天皇	一九一二～一九二六
現代	124	昭和《しょうわ》天皇	一九二六～一九八九
現代	125	上皇《じょうこう》陛下	一九八九～二〇一九
現代	126	今上《きんじょう》天皇	二〇一九～

参照：宮内庁ホームページ

※北朝の歴代天皇と在位期間

［初代］光厳《こうごん》天皇1331～1333　［4代］後光厳《ごこうごん》天皇1352～1371
［2代］光明《こうみょう》天皇1336～1348　［5代］後円融《ごえんゆう》天皇1371～1382
［3代］崇光《すこう》天皇1348～1351　［6代］後小松《ごこまつ》天皇1382～1412

⑫鏡《かがみ》の間《ま》
揚幕の奥の大きな鏡のある部屋。演者が最後の身支度をする神聖な場。ここで面もかける。

⑬一ノ松《いちのまつ》　⑭二ノ松《にのまつ》　⑮三ノ松《さんのまつ》
舞台に近いほうから一ノ松、二ノ松、三ノ松と等間隔に植えられ、順に低くして遠近感を出している。

見所《けんしょ》（観客席のこと）
⑯正面席
⑰中正面席
⑱脇正面席

写真提供／豊田市能楽堂　©写舎眞

■能・狂言の舞台構造

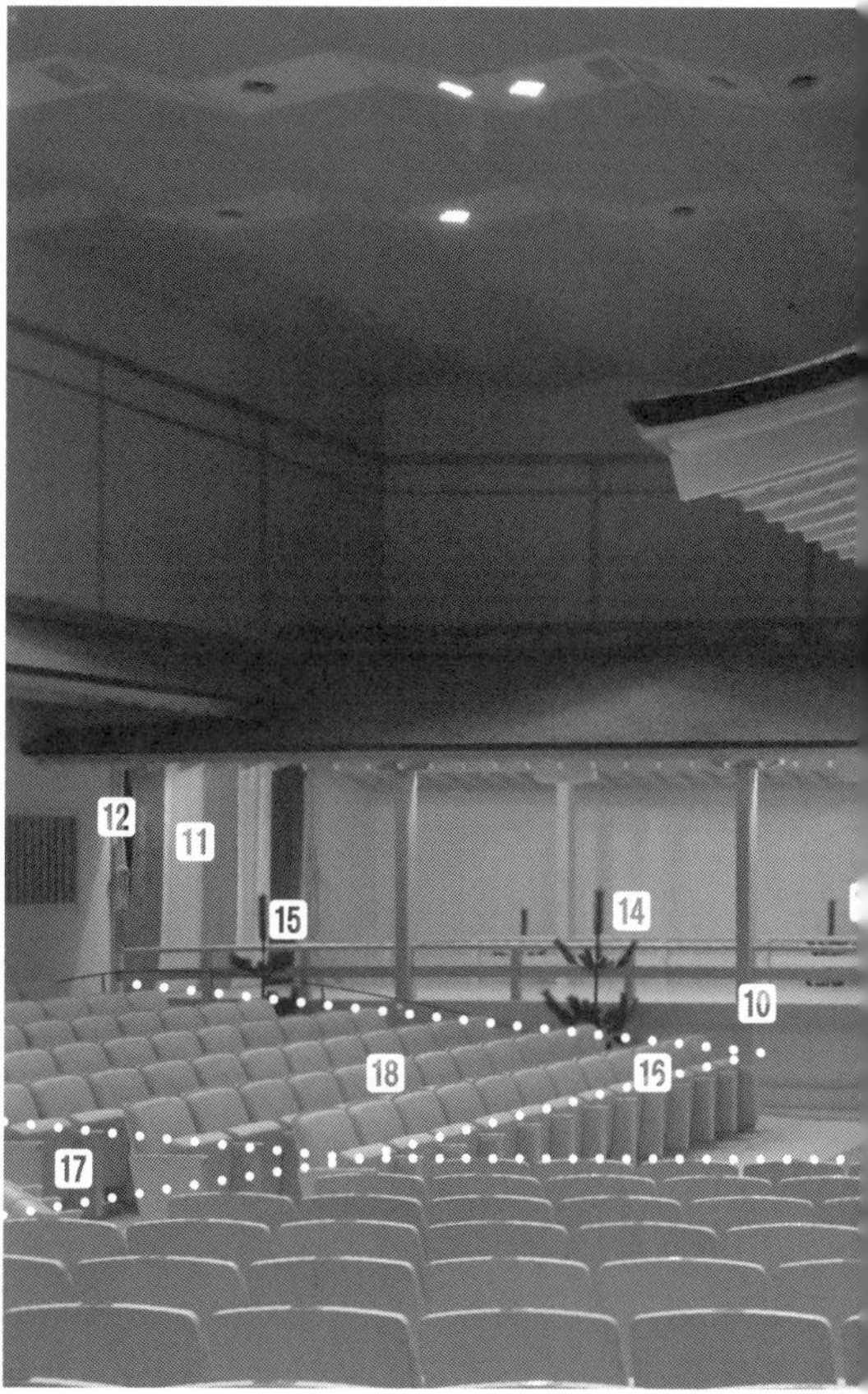

①鏡板《かがみいた》
能舞台の正面。老松（おいまつ）が描かれている。

②目付柱《めつけばしら》（角柱《すみばしら》）
能面をつけ、視野が狭められた演者が目印にする柱。

③シテ柱
シテがこの柱の近くに立っていることが多い。

④切戸口《きりどぐち》
地謡や後見などが出入りする。演者の退場に使用されることもある。

⑤笛柱《ふえばしら》
笛方の座る場所の近くにある柱。

⑥地謡座《じうたいざ》
地謡が座る位置。

⑦白洲《しらす》
能舞台が屋外にあった頃の名残で玉石が敷かれている。

⑧ワキ柱
ワキ方がこの柱の近くに座ることが多い。

⑨白洲梯子《しらすばしご》（階《きざはし》）
舞台の開始を寺社奉行が命じるときなどに使用した頃の名残。

⑩橋掛《はしがか》り
演者が出入りする通路。この世とあの世、天と地など異空間をつなぐ舞台の延長としての演技空間でもある。

⑪揚幕《あげまく》
演者の出入りに際し、二人の後見（こうけん）が結んだ竹竿を使い、五色の幕を上げ下げする。

■能楽流儀一覧

- シテ方
  - 観世《かんぜ》流
  - 宝生《ほうしょう》流
  - 金春《こんぱる》流
  - 金剛《こんごう》流
  - 喜多《きた》流
- ワキ方
  - 高安《たかやす》流
  - 福王《ふくおう》流
  - 下掛宝生《しもがかりほうしょう》流
- 狂言《きょうげん》方
  - 大蔵《おおくら》流
  - 和泉《いずみ》流
- 囃子《はやし》方
  - 笛(能管《のうかん》)方
    - 一噌《いっそう》流
    - 森田《もりた》流
    - 藤田《ふじた》流
  - 小鼓《こつづみ》方
    - 観世《かんぜ》流
    - 大倉《おおくら》流
    - 幸《こう》流
    - 幸清《こうせい》流
  - 大鼓《おおつづみ》
    - 葛野《かどの》流
    - 高安《たかやす》流
    - 大倉《おおくら》流
    - 石井《いしい》流
    - 観世《かんぜ》流
  - 太鼓《たいこ》
    - 観世《かんぜ》流
    - 金春《こんぱる》流

(ワキ方・狂言方・囃子方:三役《さんやく》)

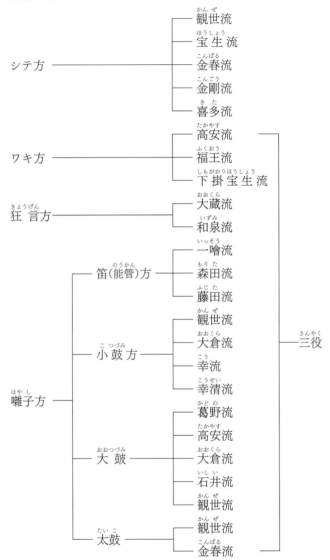

序章　本書を楽しむための基本《能楽用語》

聞き手（以下、――）ようこそ、本書をお手にとっていただき、ありがとうございます。

本書では能の曲の中に隠された〝歴史の一場面〟を探り出して、能から日本の歴史を見る、また歴史から能を見る、という楽しみ方を読者の皆さんにご体験いただきます。

本文に入る前に、能を理解するために最小限知っておくべき用語を、源次郎先生に解説していただくコーナーを設けてみました。源次郎先生、よろしくお願いします。

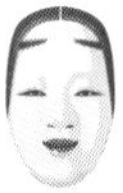

大倉源次郎（以下、源次郎）はい、よろしくお願いします。業界用語がたくさん出てきますが、少し辛抱してお付き合いください。

◎能楽とは、何か？

【能楽】能＋狂言《きょうげん》のこと

――まず一番大きな言葉の意味をお尋ねしますが、〝能楽〟とはどんなものなのでしょう？

源次郎　歴史的にいうと、室町時代に観阿弥《かんあみ》・世阿弥《ぜあみ》親子によって大成された楽劇、ですね。

室町時代は今から約六百五十年ほど前ですね。楽劇というのは〝音楽と演劇が融合した藝能〟です。西洋ではワグナーのオペラを楽劇《ムジークドラマ》と呼びますが、能楽もオペラと同じようにすべての台詞《せりふ》が音楽になっていますし、音楽・演劇・舞踊が高いレベルで一体化した音楽詩劇といえる舞台芸術ですね。

もう少し詳しくいうと、それ以前の奈良時代・平安時代からさまざまな藝能があり、田楽《でんがく》・幸若舞《こうわかまい》・猿楽《さるがく》（申楽《さるがく》）などをすべて「能」と呼んでいたのです。が、猿楽が一世を風靡《ふうび》したため「能＝猿楽」と同義語になりました。古《いにしえ》は多くの座が活動していたのですが、中世に大和四座《やまとしざ》（観世《かんぜ》・宝生《ほうしょう》・金春《こんぱる》・金剛《こんごう》）にまとめられ、江戸時代に喜多《きた》流が加わって四座一流となりました。

明治維新以降は「能楽」と呼ばれるようになり、現代では「能」と「狂言《きょうげん》」をあわせて表現するときに「能楽」と呼びます。

――この一項だけで本一冊分になってしまいそうですね。

【能】五流が上演する、伝統的スタイルの曲

――この本のメインテーマである〝能〟とはどのようなものか、簡単にご説明いただけますでしょうか?

源次郎 現代の用語では、「能楽」のうちの「能」とは、観世・宝生・金春・金剛・喜多のシテ方五流が主体になって上演する曲を指します。伝統的な演能スタイルに則《のっと》った演じ方をもっぱら「能」と呼びます。これは古典でも新作能でもそうですね。

――能舞台の上で、キラキラの衣装の役者さんが面をつけて……というイメージ?

源次郎 いやいや、新作能の中には「創作能・現代能」と呼ばれる、他ジャンルの役者を交えた公演も多いですし、皆さんが「能」に抱くイメージを超えて、表現の幅は相当広いですよ。

【狂言】能楽におけるコメディ? とは限らず、笑いも、シリアスも

――〝能〟は難しいですが、〝狂言〟はわかりやすそうですね。能楽の中のコメディといってよいでしょうか?

源次郎 いやいやいや、それはちょっと違うんですよ。狂言は〝笑い〟だけではないのです。シ

リアスなものもありますし……あまり最初から決めつけないほうがいいですよ。

強《し》いて定義すれば、大蔵《おおくら》・和泉《いずみ》の二流が演じるのが「狂言」ということになりますか。能と能とのあいだに演じられる独立したプログラムである「本《ほん》狂言」と、能の曲の途中で狂言方が登場して演じる「間《アイ》狂言」があります。

狂言も能と同じように、古典的手法に則った新作狂言のほかに、創作狂言・現代狂言など伝統から一歩踏み出して他ジャンルと共同で演じるコラボレーションも多くおこなわれています。

◎能楽を演じる人たち

【能楽師】 能・狂言の演者たち

源次郎 「能楽（能・狂言）」の演者を総称して「能楽師」といいます。
公益社団法人能楽協会には、玄人《プロ》の能楽師が一千百人ほど所属しています。必ず次のいずれかの役柄と、それぞれの流儀に所属しています。（22頁「能楽流儀一覧」参照）
シテ方五流＝観世流・宝生流・金春流・金剛流・喜多流
ワキ方三流＝高安《たかやす》流・福王《ふくおう》流・下掛《しもがかり》宝生流
狂言方二流＝大蔵流・和泉流

囃子方《はやし》には笛（能管《のうかん》）三流、小鼓《こつづみ》四流、大鼓《おおつづみ》（大皮）五流、太鼓《たいこ》二流
笛＝一噌《いっそう》流・森田《もりた》流・藤田《ふじた》流／小鼓＝観世流・大倉流・幸《こう》流・幸清《こうせい》流／大鼓＝葛野《かどの》流・高安流・大倉流・石井《いしい》流・観世流／太鼓＝観世流・金春流

――源次郎先生は「能楽小鼓方大倉流」の宗家になるのですね。

【シテ】能・狂言の主役、演出

――「シテ」とは能の主役とのことですが、他の演劇や映画の主役とはかなり違いますね？

源次郎　能の物語では、生きている人間が主役をつとめることもありますが、〝この世ならぬもの〟である神・亡霊・鬼などの霊的存在が主役になることが多い、という特徴があります。また、狂女・狂男のように人生が狂ってしまった者も主役になります。

――現代的なエンタメの主役と違って、謎が多いですよね。死んだ人や狂人が主役になることは現代ではめったにないですし、加えて、他のエンタメと違って、お面をかぶっていますよね。

源次郎　そうです、シテは役柄《キャラクター》によって面《おもて》をつけて演じられます。どの面をつけるかは曲によって大体決まっており、面の種類で役の性格も定まってきます。

複式夢幻能《ふくしきむげんのう》（44頁参照）などの二場物《にばもの》（44頁参照）では、前場《まえば》に登場する主役が「前シテ」、後場《のちば》の主役が「後シテ」と呼び方が変わります。基本的には同一の能楽師が前後の役を演じ

■様々な種類の能面

能に用いる仮面は神・男・女・狂・鬼に大別される。諸説あるが、基本型は約六十種、今日では二百数十種あるといわれる。

写真：出典 ColBase（https://colbase.nich.go.jp/）

◉**三番叟**（黒色尉）：「翁舞」の最後に五穀豊穣を祝い舞う、老いた姿の神の面（南北朝時代）

◉**景清《かげきよ》**：平家の勇将、景清が落人として隠棲し、盲目の琵琶法師となった姿を表わした面。

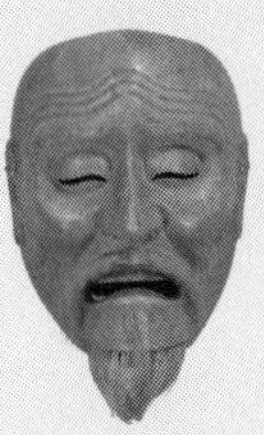

◉**童子**：『石橋』の文殊菩薩に関わりのある童子など、神性を帯びた小童の役に用いる。

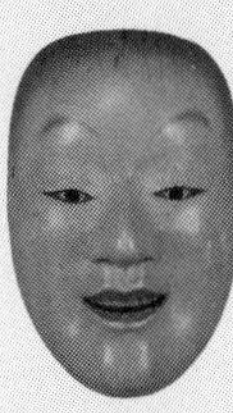

◉**猩々**：『猩々』専用の面。猩々は海に住む酒好きの妖精。酒のため赤い顔（室町時代）

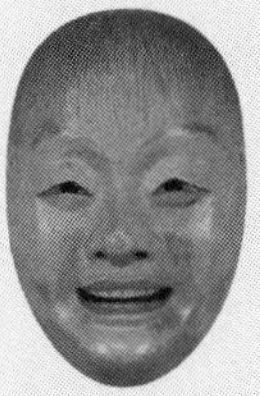

◉**般若**：『葵上』『道成寺』などに用いる鬼女の面。高貴な女性の孤独や悲しみ、苦悩を表現。

◉**邯鄲男**：『邯鄲』の他、『高砂』『養老』などで若い男神にも使用。是閑の作（安土桃山～江戸時代）

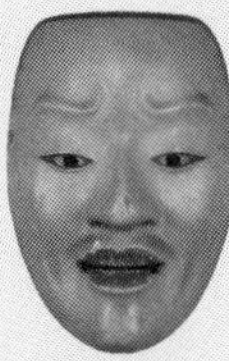

◉**増女**：天女や精霊など神々しい女性役。室町時代の田楽師、増阿弥久次が創作したと伝えられる。

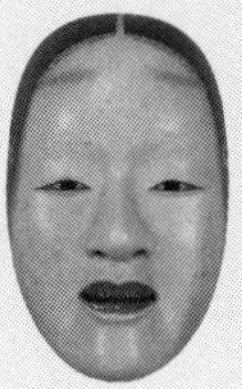

◉**姥**：『高砂』『国栖』に登場する老夫婦の翁は尉面、媼は姥を用いる。

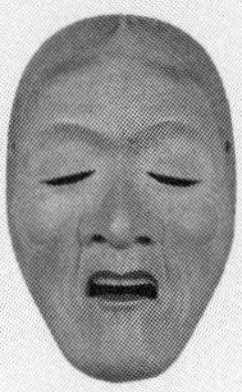

◉**獅子口**：『石橋』で文殊菩薩の乗る霊獣としての獅子の役に用いる。獅子の舞は演目の見どころ。

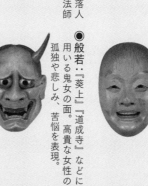

分けるのです。

シテは漢字で「仕手」「為手」と書き、「する人」という意味に読めます。演技をするだけでなく、能楽では多くの場合、演出も「する人」が兼任します。主役を演じる者が曲全体の演出意図を明確にする役目を担うからです。

狂言ではシテは主役という意味と、重い役・主な役という意味で用いられることもあります。

【ワキ】 シテに出会ってしまう、生きている人

――ワキはズバリ「脇役」ですよね？


源次郎 はい、そうです、と言いたいところですが……そうとも限らないのです。いってみれば〝シテに出会ってしまう〟〝生きている人〟でしょうか。観客の代表、ともいえます。

ワキは場面上、生きている人間、という設定なので、直面《ひためん》（素顔）で演じられます。諸国を巡る僧・神職・武士など男性の役が多いですね。

ワキには能の冒頭で場面設定・状況説明を行うなど構成上とても重要な役目があります。また、現れたシテの素性を引き出すという役目があるので、シテに対してただならぬ関係にある、という設定が多いです。

――なるほど。現代のエンタメでは、観客は主人公に感情移入して観ることが多いですが、能ではまずワキに注目ということでしょうか。

【ツレ】付き従う役

――舞台にはシテとワキ以外にもいろんな役者さんが登場しますが、その方々にも独特の呼び方があるのですか？

源次郎 そう、まず「ツレ」ですね。シテ（主役）の兄弟・姉妹・敵味方・貴人・従者などさまざまな役があります。

詳しくいいますと、シテに対して同じ意思をもち、シテに連れられている関係の場合と、反対に相対する関係で登場しているときがあります。

漢字では「連」。単に「ツレ」というと「シテツレ」の略で、主役側の従者など。「ワキツレ」というと、ワキの従者になります。

さらに、シテやツレに付き従う従者の役に対しては「トモ（供）」という呼び方もあります。

【子方《こかた》】能だけの、ちょっと特別な子役

――先日、拝見した舞台に出ていた子どもが凛々《りり》しくて、とても可愛かったです。

▶鞍馬天狗↓12p

源次郎　「子方《こかた》」です。いわゆる〝子役〟なのですが、能の場合はちょっと違います。

まず〝子どもの役〟を子どもの役者が演じる場合。現代劇でもある、普通の子役ですね。

これには『百万《ひゃくまん》』（左頁写真）や『桜川《さくらがわ》』の子方、『鞍馬天狗《くらまてんぐ》』の牛若丸《うしわかまる》、『隅田川《すみだがわ》』の梅若《うめわか》丸《まる》などの役があります。

次に挙げられるのが、能に独特な〝天皇や貴人の役〟です。

能は身分の高い人（貴人）の前で演じられることもありました。しかし天皇・皇族や貴人を大人が演じると似合わないことが多いのです。本当の貴人の前で大人が貴人の役を演じるのは憚《はばか》られる、ということもありました。そういうとき、子どもが演じることでかえってリアリティが出るんですね。それが慣習化したのが〝大人の役〟を子どもの役者が演じる場合です。

こちらは『船弁慶《ふなべんけい》』（219頁参照）の義経《よしつね》、『国栖《くず》』（50頁参照）の天武《てんむ》天皇、『花筐《はながたみ》』（109頁参照）の継体《けいたい》天皇などですね。

――なるほど、子どもの役者さんは見るからに繊細で、触ると壊れそうな脆《もろ》さや尊さを感じますね。見ているだけで守ってあげなければ、という気がしてきます。高貴な人の役にぴったりな印象です。

子方は子どもの役以外に、天皇や貴人といった大人の役を演じる場合もある。
談山能『百万』シテ：片山九郎右衛門　子方：林 彩八子（写真：松井良浩）

【間狂言《アイ》】異なる時間軸を能に挿入

——能の曲中に、突然ちょっと変わった感じの役者さんが登場することがあります。謡《うたい》ではない台詞を語ったり、仰々《ぎょうぎょう》しいアクションで笑いをとったり、明らかに周りの能役者さんとは違う。

源次郎 それが「間《アイ》狂言」ですね。演じるのは狂言方の能楽師です。

——現代劇にはコメディリリーフとかコミックリリーフという、緊張をやわらげるような道化役が出てくることがありますが、間狂言も、能のコメディリリーフのような役でしょうか？

源次郎 はい、そうです、と言いたいのですが、これもそうとばかりはいえないですね。

能の中盤に登場する間狂言は〝一番現実に近い人〟なのですね。里人・従者・船頭などの役で登場することが多いです。

間狂言は、前場と後場のあいだで物語の背景を説明したり、シテやワキを相手に問答をして物語を進めます。前場に登場した謎の女の本性が現れる前に、一度現実に引き寄せたりする役目があります。

少し込み入ったことをいうと、能の時間軸と狂言の時間軸は違うのです。間狂言には、異なる時間軸※を能に挿入するという意味があるのです。

能というのは〝自分の深層心理と出会うためのもの〟といいますか、深層心理の深いところにたどり着いてそこにいる何かと出会えれば幸せなのですが、そのために振り子を反対に大きく振って一度現実に近いところに引き戻してやる、すると後半でより深層心理に入りやすくなる、といった効果があるのですね。

狂言の項でも述べましたが、狂言は〝笑い〟とか〝道化〟とばかり思って見ないほうがいいのです。いろんな表現がありますから、感じたことを一つ一つ大事にして見てみてください。

【地謡《じうたい》】息を合わせた斉唱

――舞台の右側に座って謡を唸《うな》っている大勢の方たちは、オペラのコーラスみたいで、一糸乱れぬ感じが格好いいですよね。

源次郎　あはは、コーラスじゃないですよ。ハーモニーをつけたりしませんから。

※異なる時間軸＝狂言の演技は、見ている人の意識をフッと現実に近いところへ動かすことができますが、それでも夢から覚めさせない、というぎりぎりの効果があるんです。二重夢・三重夢・四重夢の中へ入っていって目覚めさせない『インセプション』（クリストファー・ノーラン監督、二〇一〇年）という映画がありましたね。これは能と間狂言の構造とそっくりなんですね。この映画をつくった人は能のことを知っているな！　と思いましたね。（源次郎）

地謡は舞台の右端（地謡座）に基本八人の演者が座り、揃って詞章《ししょう》を謡《うた》います。息を合わせて斉唱するのです。シテ方に所属する演者たちがつとめます。

謡の内容は、主にシテの台詞にかかわる詞章であったり、シテ・ワキ以外の視点から第三者的に叙情・叙景を描写したり、ナレーションをするなど、さまざまな役目があります。

【囃子《はやし》】四パートのアンサンブル

――舞台の奥側、大きな松の木の絵の前には大倉源次郎先生や他の楽器の方々がいらっしゃいますね。オペラだと舞台の前にオーケストラボックスがありますが、能楽の伴奏は舞台の奥なんですね。

源次郎（苦笑）伴奏、ではありませんね。

能の囃子《はやし》は、言葉で表現できない部分や、謡《うたい》にならない部分を楽器が表現する、という位置付けなのです。ついコーラスや伴奏という説明をしたくなりますが、それは西洋音楽の概念ですからちょっと違うんですね。西洋音楽に無理に当てはめるのではなく、舞台全体で一つの総合芸術というか、能に独特の時間軸をつくり出している、という感覚で観てもらえたら、と思いますね。

――お囃子の皆さんの並び方には決まりがあるのですか？

老松の木が描かれた舞台の背景を鏡板という。
『石橋』(即位礼正殿の儀 内閣総理大臣夫妻主催晩餐会)

向かって右から地謡、笛、小鼓、大鼓、太鼓。音源が順に口から遠くなる。
談山能(2019年4月)『三番叟』野村萬斎(写真:松井良浩)

源次郎　能の音楽は「ひな祭りの五人囃子」を思い浮かべていただければいいですね。ひな人形は向かって右から謡、笛（能管）・小鼓・大鼓（大皮）・太鼓の順に並んでいますが、能舞台も舞台右側に地謡、それから奥側に笛・小鼓・大鼓・太鼓です。この並び方は「音源が口から遠くなる順」でして、ひな人形は能舞台を凝縮して象徴しているのかもしれません。五人囃子全体で能の音楽ですから。

謡以外の四つの楽器を「四拍子」といいます。太鼓は、曲によっては入らないことがありますが、笛・小鼓・大鼓はすべての曲に参加します。

そして、打楽器奏者は「掛け声」も発します。この「掛け声」はかなり特殊な音楽構造といえます。舞台を鑑賞するときには、そういうことに気をつけて観てもいいでしょうね。

◎能の物語には、ジャンルが五つ

【五番立《ごばんだて》】五つのジャンル「神《しん》・男《なん》・女《にょ》・狂《きょう》・鬼《き》」

――能のプログラム的なことを教えてください。ジャンルが五種類ある、とお聞きしたのですが？

源次郎　ジャンルといいますか、プログラムの成り立ちにかかわっているんですね。

じつは昔は、一日に七番、九番立のプログラムが組まれて、丸一日かけて能を楽しんでいたのです。そして、たくさんの謡曲《ようきょく》を無理矢理分類したのが神・男・女・狂（雑）・鬼なのです。「神《しん》・男《なん》・女《にょ》・狂《きょう》・鬼《き》」の五つの曲趣に分別された中から一曲ずつ、計五番を一日で演じるのが「五番立《ごばんだて》」です。そして能の合間あいまには狂言が演じられたのですね。

現在の能の公演は二時間以内におさまる構成が多く、能→狂言→能のようになっています。

——この「神・男・女・狂・鬼」の順番は絶対に変えられないのですか？

源次郎　基本はそうなんですが、じつは初心者にはこの逆の順番※で見るのがよい、という説もあるんですよ。

【脇能物《わきのうもの》】「神・男・女・狂・鬼」のうち「神」が主役の曲

——五番立の一番はじめの「神」の曲ですが、最初なのになぜ「脇能」というのですか？

※逆の順番＝世阿弥は「見《けん》・聞《もん》・心《しん》」の楽しみ方ということを言っています。見て面白い、聞いて面白い、心で面白い、というふうに深く感じられるようになるには、まず鬼物のようにとっつきのよい、見て面白いものから鑑賞しなさい、というんですね。鬼が出てきて派手な動きがあると子どもでも面白いですよね。そしてだんだんと音楽や詞章の面白さに気づいていき、人生経験を重ねたのちには「こんなすごいことを言っていたんだ」と心で感じることもできる、という意味ですね。（源次郎）

源次郎　じつはですね、本来は五番立の前に演じられる特別な曲があるのです。とくに祝祭性が高いといわれる『翁《おきな》』です。その『翁』の次に（つまり脇に）演じられるから「脇能物」なのですね。

「神」が主役の曲です。五番立の最初なので「初番目物《しょばんめもの》」、あるいは「神能《かみのう》」とも呼ばれます。先ほどの世阿弥の言い方でいくと、最後に面白さがわかるのが神能かもしれません。お爺さんお婆さん（翁と媼《おうな》）が出てきて昔の話をし、退場したあとに神さまが舞っておしまい、という構造はどの神能も一緒で、わかりにくいですよね。

謡の文句も、よくよく聴いてみると宇宙創成のことを語っていたり、単純なのですが難しいのです。

【修羅物《しゅら》】「男」が主役の曲

——「修羅《しゅら》」、なんだか怖そうですね。『修羅の群れ』という日本のヤクザ映画もありましたし。

源次郎　「修羅物」の主役は武人、つまり男性で、戦う男の世界が描かれます。「二番目物」ともいいます。

もっとも、例外もありますよ。『巴《ともえ》』は主役が女性です。木曽義仲《きそよしなか》の愛妾《あいしょう》ですね。

戦争をして亡くなった人は修羅道に落ちます。そこでも戦い続けなければなりません、というのがテーマの曲です。究極の〝反戦物〟ともいえますね。

【鬘物《かずら》】「女」が主役の曲

――「鬘《かずら》」とはどういう意味ですか？

源次郎 鬘はカツラ、シテ方はこれをかぶって女性の役になるからですね。「三番目物」ともいって、ミステリアスな女性や、天人・精霊が主役であることが多いジャンルです。

ちなみに、能のカツラは出来上がりというか、歌舞伎で使うようにスポッと頭に乗せるタイプではなく、長い髪の毛のカツラを上演ごとにいちいち結い上げるのです。シテを演じる能役者さんはやることが多くて大変です。

【狂《くるい》（雑《ざつ》）物】「狂」が主役の曲

――すごく能っぽいといいますか、「能」と聞くと、まずこの「狂物《くるい》」をイメージします。

源次郎 「四番目物」ですね。「物狂い」という、人生が狂ってしまった人物を主人公にすることが多いジャンルです。

しかし、じつは「狂」ばかりではないのですよ。「神・男・女・鬼」に分類されない曲はすべて四番目物に分類されたため、「雑物《ざつ》」「雑能《ざつのう》」ともいわれます。『葵上《あおいのうえ》』のように鬼が出

▶葵上↓12p

る四番目物もありますよ。『源氏物語』の六条御息所《ろくじょうみやすどころ》のエピソードをもとにした曲ですね。

【鬼物《おに》】「鬼」が主役の曲

源次郎　「鬼物《おに》」「五番目物」は鬼退治のように勇壮な物語が多いのが特色です。『道成寺《どうじょうじ》』『船弁慶』『紅葉狩《もみじがり》』『鵺《ぬえ》』などが代表的ですが、世阿弥の出身母体である大和の結崎《ゆうざき》座が鬼の能※を得意にしていたということもあって、鬼の能がメインなんですね。

――ここであの有名な鬼の仮面が使われるのでしょうか？

源次郎　般若《はんにゃ》のことですね？　般若の面が用いられるのは五番目（鬼物）だけではないのです。先ほども触れた『葵上』がそうですし、四番目にも五番目にも分類される「現在七面《げんざいしちめん》」では、後シテの龍女が女の面の上に般若の面を重ねて着用して、早変わりをするのが見どころになっています。

また、五番目は鬼退治ばかりでもないのですね。『石橋《しゃっきょう》』（178頁参照）のように霊獣（獅子《しし》）が主役で祝祭性のある華麗な祝言曲もここに分類されます。

一日のすべての演目の最後を飾る「切りがよい」曲として「切能物《きりのう》」ともいわれます。囃子に太鼓が加わり、派手な動きの曲が多いです。

【附祝言《つけしゅうげん》】おめでたい終わり方

源次郎　鬼が退治されて終わるのではない、めでたく一日を終えるために祝言能《しゅうげんのう》（半能《はんのう》［45頁参照］の『石橋』『岩船《いわふね》』など）を演じたり、短い祝言謡（「祝言之式」の小書《こがき》※をつけた『高砂《たかさご》』など）で最後を締めることをいいます。

――気持ちのよい曲で盛り上がって終わろう、というのはロックやクラシックのコンサートでも一緒ですね。

源次郎　よい言霊《ことだま》で終わるのが祝言能なんですね。

※鬼の能＝こうした目で見える鬼の物語に対して、心の鬼を描きたくなって、世阿弥は『砧《きぬた》』（四番目）や『姨捨《おばすて》』（三番目）のような曲を書いたのかもしれません。『伊勢物語《いせものがたり》』に題を取った『井筒《いづつ》』（三番目）の主人公は〝待ち続ける鬼〟ということもできます。動きの激しい鬼物を演じているうちに「いや、こういうのだけが鬼じゃないよね」と気づくことがあったのではないでしょうか。能は知れば知るほど面白い、といわれる理由の一つですね。（源次郎）

※小書＝能の特殊演出のための覚え書きのこと。オーソドックスな演出に対して、曲のテーマを強調したり、装束や小道具・大道具の変更、演奏の指示、省略や演出の指示などが書かれています。流儀によってさまざまな小書が伝えられていますので、それを見比べるのも一興です。（源次郎）

【追加】冥福を祈る小さな謡

源次郎　追善《ついぜん》などの不祝儀の催しの際に、成仏を想わせる『融《とおる》』『卒都婆小町《そとばこまち》』『海士《あま》』などの一番最後の数行を謡って締めることをいいます。

【前場《まえば》・後場《のちば》】前半と後半のある、二場《にば》物

――同じ主役の人なのに、一度退場して面や衣装を変えて出てくることがありますがどういうことですか？　また、主役の変身にはどんな意味があるのですか？

源次郎　二場構成の曲のことですね。この能の形式を「複式《ふくしき》」といいます。主役が退場しているあいだを「中入《なかいり》」といい、その前後を「前《まえ》」「後《のち》」と分けています。

中入のとき主役は、その役柄に応じて面や装束《しょうぞく》を変えます（衣装ではなく能では装束といいます）。

主役は面や装束を変えると、役の性格が変わります。たとえば前半が正体を隠した仮の姿、後半が正体を見せた真の姿、という変身をするわけです。

【夢幻能】物語が「ワキの見た夢、幻」の曲

源次郎　ワキは生きている人間ですが、シテは神・霊魂・精霊など〝この世ならぬもの〟で、ワキに過去のいきさつなどを物語ります。すべてはワキの見た夢だった、という結末なので夢幻能と呼びます。
　世阿弥がこの形式を確立したとされ、とくに前半と後半で主役が変身する「複式夢幻能」が有名です。能の代表的な形式です。

――「複式」があるなら「単式夢幻能」もあるのですか？

源次郎　うーん、「単式」というと冒頭からお化けというか霊魂や精霊が出てきてしまうわけです……『清経《きよつね》』『経正《つねまさ》』、あるいは「半能」という形式がそうですね。『石橋』『岩船』※『金札《きんさつ》』※『猩々《しょうじょう》』など五番目物の後半、クライマックスから演じるやり方が半能です。これらは現在では後半だけ独立して上演されることが多いです。そうすると、始まっていきなりワキの人の夢の中に神さまや精霊・霊獣が顕《あらわ》れるという形になるわけです。

――同じ曲でも全然違って見えますね。曲の意味を考えるときは、諸流派でどう演じられている

※『岩船』『金札』＝これらはもともとは複式で、前場がありました。ですが観世流では後場だけを祝言能として演じるようになり、冒頭から龍神や天神が登場する今のごく短い形になりました。金春流など他流では童子や老人が前シテとして現れる前場が残してあり、脇能、初番目に分類されています。神さまの能ということですね。観世流は切能、キリのいい五番目物にしたのです。（源次郎）

▶経正↓12p
▶猩々↓12p

かも勘案しなければいけないのですね。

源次郎　流儀、流派というのは、もともとは大昔のさまざまなチームなのだと思います。昔の能をそのまま演じるチームもあれば、作品のテーマを絞り込んだり、さまざまな解釈でつくり直そうとするチームとか。そんな中で半能のような形式も生まれてきたのではないでしょうか。

【現在能】物語が現在進行する曲

源次郎　現在進行形で物語が展開する能。『小袖曽我《こそでそが》』『夜討曽我《ようち》』などの曽我物（曽我兄弟の敵《かたき》討《う》ち物語）や『橋弁慶《はしべんけい》』などが代表的です。

◎かまえと型、独特な能の所作

【ハコビ】基本は摺《す》り足

――面や装束をつけた役者さんの動作は、僕ら一般現代人とまったく違いますよね？　なぜそう感じてしまうのでしょう。また、謡の人や囃子の人も舞台の上では違って見えます。なぜでしょう。

源次郎　それはシテ・ツレ・ワキ・狂言などの動作の基本が「摺《す》り足」だからでしょうか。舞の

▶小袖曽我↓12p
▶橋弁慶↓12p

基本なのですが、能の所作全般の基礎でもあり、「ハコビ」と呼ばれます。役柄に扮しない私たち囃子方や、地謡・後見《こうけん》（舞台進行の監督役）は摺り足を使いませんが、舞台の呼吸に合わせていますので、両手を振ってスタスタ歩くような日常的な所作はしません。

能は曲の中の言葉だけでなく、古い日本の所作をたくさん伝えています。摺り足以外にも「膝行《しっこう》」といって膝がしらで進退する移動法、立って向きを変える「ヒネル」「カケル」といった所作、立ち姿だけでも「カマエ」というブレない独特の姿勢があるのです。

世阿弥は「二曲三体《にきょくさんたい》※」、つまり歌と舞を老体・男（軍）体・女体で演じ分ける、これが能の基礎だと言っています。それぞれにカマエがあって、それぞれのキャラクターに応じた摺り足や、次に紹介するシオリ、足拍子などの所作があります。

【シオリ】泣く動作だが泣かずに表現する

――面をつけた役者さんが手で目のあたりを覆《おお》う動作をされますよね。涙がまったく流れていな

※二曲三体＝人が生まれてオギャーと声を上げ、手足をバタつかせるのが表現の原点だ、という話があります。それが技術的に完成するのが歌と舞の「歌舞二曲」です。そして「男」（軍）と「女」として生まれた人は必ず「老」いるわけで、これを意識して修業に入るのが「三体」です。（源次郎）

いのに、なぜ泣いているように見えるのでしょう。

源次郎　「シオリ」という所作なのですが、その通り、泣いていることを表す演技です。ただ目を隠せばいいわけではありません。面は左右非対称で、左側（向かって右）が陽、右側（向かって左）が陰ですから、泣く動作では陽の目（左目）から隠すのが基本です。強いエネルギーが前に出ているのを手で遮《さえぎ》ってしまうことで、挫折感や悲しみを表していく、といわれています。

面は微妙な角度によって表情が違って見えます。視線を下に向ける「クモラス」、上に向ける「テラス」という所作もあります。

能の演技は悲しい場面で悲しい所作をするのではない、間接表現だといわれます。がんばって生きようとしていたのだけど挫《くじ》けてしまった、といった挫折感や悲しさまで表現して、観る者に体感を共有させる力がある、と思います。

【足拍子】古代の響きを伝えるステップ

――役者さんがときどき舞台を強く踏みしめて音を出すことがありますね。

源次郎　それが「足拍子」ですね。踏み方でさまざまな感情を表現する、能に特徴的な演技です。踏んだ音がきれいに響くよう、古式の能舞台の床下には反響用の甕《かめ》が埋められていた、という話もあります。今の国立能楽堂には埋められていないそうですが。

——源次郎先生、ありがとうございました。予習も済んだことですし、それでは本編へ参りましょう！

第一章　能には歴史の秘密が隠れている

◎『国栖《くず》』――天武《てんむ》天皇の身を守った吉野の先住民族たち

聞き手（以下、――）能に隠された日本史の秘密を探る、というテーマなのですが、能が日本の歴史とどうリンクしているか、能の知識がなかったり、鑑賞に慣れていない初心者にもわかりやすい曲を教えてください。

大倉源次郎（以下、源次郎）そうですね、たとえば古代の天皇の隠されたエピソードを伝える能はどうでしょう。

その一つが『国栖《くず》』です。

古代の日本を大きく変えた天武《てんむ》天皇の、壬申《じんしん》の乱（天武天皇元・六七二年）前夜を謡《うた》った曲です。

天武天皇の兄・中大兄皇子《なかのおおえのおうじ》（皇子《みこ》とも。以下同。のちの天智《てんじ》天皇）は、乙巳《いっし》の変（大化の改新・皇極天皇四・六四五年）で歴史に残るクーデターをなしとげ、古代日本の政治を刷新しました。そこに始まる歴史の大変化がこの能に謡われているのです。

――天智天皇が崩御《ほうぎょ》すると、息子の大友《おおともの》皇子（諡号《しごう》・弘文《こうぶん》天皇）と弟・大海人《おおあまの》皇子（のちの天武天皇）とが後継を争うことになってしまいます。世にいう壬申の乱です。

その時代を調べてみましたので、少し説明させてください。

中大兄皇子は乙巳の変で蘇我入鹿《そがのいるか》を倒しました。皇位に就《つ》いたのは変から二十年あまり後ですが、都を飛鳥《あすか》（現・奈良県明日香村）から近江《おうみ》（現・滋賀県）大津京へ移したり、いろいろな改革をしました。

天智帝はもともと弟の大海人皇子を皇位継承者（皇太弟）としていました。しかし晩年になると、実子である大友皇子を太政大臣《だじょうだいじん》に就け、跡を継がせたくなったようです。

天智天皇十（六七二）年、天智帝は病に倒れ、皇位継承（日嗣《ひつぎ》）問題はいよいよ切迫してきます。大友皇子を擁立《ようりつ》しようとする勢力は、大海人皇子排除へと動きます。同年十月、病床の天智帝が大海人皇子を枕元に召して後事《こうじ》を託すそうだ、との報《しら》せが大海人皇子のもとに来ました。しかしこれに命の危険を感じた大海人皇子は逆に、大友皇子を皇太子へと推挙する、同時に自分は剃髪《ていはつ》（出家）して都を去る、と宣言します。そして吉野（現・奈良県吉野）の山中へと身を隠した、これが謡曲《ようきょく》『国栖』の発端なのですね。

源次郎　そうです。では『国栖』をざっとご紹介しましょう。

【国栖】あらすじ

浄御原《きよみはら》の帝※（子方《こかた》）が供奉《ぐぶ》官人※（ワキ）にともなわれて、都から吉野山中へと落ち延びてくる。川沿いの民家で休息していると、翁《おきな》（前シテ）と嫗《おうな》※（前ツレ）が帰ってきて、奇瑞《きずい》※に気づく。

官人が帝の食事を乞《こ》い、夫婦は根芹《ねぜり》を洗い、国栖魚《くずのうお》※を焼いてふるまう。帝は魚の片身を翁に与え、翁がそれを川に放つと、魚は生き返って泳ぎ去る。帝が都に帰る前兆である、と翁は言う。

帝を追って、都から伯父・何某の連《むらじ》の追っ手の兵士たち（間狂言《アイ》）が現れる。翁は帝を小舟の中に隠し、追っ手をはぐらかす。追っ手が舟を怪しみ、検分させろと言うと、翁は大声で近隣の親族を呼び、追っ手を追い払う。

帝の命を守った老夫婦は、帝から直接お褒《ほ》めの言葉をかけられ、感涙にむせぶ。

夜が更け、月が煌々《こうこう》と輝く中、天女（後ツレ※）が顕《あらわ》れ、五節舞《ごせちのまい》※を舞う。続いて蔵王権現《ざおうごんげん》※（後シテ※）が降臨し、舞いながら、天と地にあまねく神威を示す。天皇の権威により国土があらたまり、天武の聖代《せいだい》を言祝《ことほ》いで終わる。

源次郎　この曲にははっきりと、「吉野山地の奥に住む人びとが天武帝を守った」「権現《ごんげん》思想を奉

※浄御原の帝＝のちに天武天皇となる大海人皇子。飛鳥浄御原宮で即位したためこの名で呼ぶ。
※供奉官人＝天皇のそば近くに仕える役人。
※翁と媼＝老人の男と女。大昔は平均寿命が短く、夫婦二人が健在で年をとっているのは珍しかった。そのため翁と媼は長寿と幸福の象徴とされ、若い者と違って神秘的な存在とされる。
※奇瑞＝近くに貴人がいるために生じる不思議な現象。
※根芹＝水辺で取れる山菜、セリ。根が美味しい。
※国栖魚＝鮎のこと。
※後ツレと後シテ＝曲の中入《なかいり》でシテは衣装を換え、正体を現す。ツレも同様にし、変身する。
※五節舞＝天人が空から舞い降りるときの舞。もともとの古式では、翁と媼は舞台に残り、天皇側から礼の舞として五節舞が舞われ、それを受けて蔵王権現が感応の舞を舞いました。（源次郎）
※蔵王権現＝詳しくは後述。ここでは、吉野にゆかりの深い神・仏と思ってください。（源次郎）

ずる人びとが帝《みかど》の後ろ盾《だて》についたのだよ」ということが描かれています。

天智天皇七（六六八）年※から天武天皇元（六七二）年※の四年間に起きた歴史上の出来事が、能に謡われているんです。

能では天武天皇を子方が演じ、「伯父何某《なにがし》の連《むらじ》に襲われ」ということになっています。しかし史実では大海人皇子は壮年で、政敵・大友皇子はまだ若い。二人は叔父・甥《おい》の間柄ですから、『国栖』ではこれらの関係がなぜか逆転された設定になっています。能楽研究者の故・表《おもて》章《あきら》※先生も「これはおかしい」と指摘され、天野文雄※先生も「これは謎です」と首をひねっておられました。

さておき、天武天皇一行をかくまう老夫婦は、国栖族と呼ばれる先住民族です（「国樔」「国巣」とも）。平地の民族と違って米を食べず、山の幸《さち》（根芹などの山菜）や川の幸（国栖魚＝鮎など）を食べて暮らしていたそうです。川に小さな舟を浮かべて漁をし、その舟で吉野水系を自在に移動していました。

追われる大海人皇子が身を隠すのが、この舟です。小舟を川から上げ、乾かすためにひっくり返して伏せていた中に皇子の身を隠させたのでしょう。追っ手は当然、この舟を疑い、検分させせろと要求します。

シテ　何と舟が怪しいとや。これは乾《ほ》す舟ぞとよ。
アイ　乾す舟なりとも合点がゆかぬ（と舟をひっくり返して捜そうとする）。
シテ　何と舟を捜そうとや。漁師の身にては舟を捜されたるも家を捜されたるも同じことぞかし。身こそ賤《いや》しく思うとも。この所にては翁もにっくき者ぞかし。

漁師にとって舟はなくてはならないもの、単なる生活必需品以上で、彼らは舟に誇りをもっています。その舟をことわりなく兵士に捜索されるのは、漁師の誇りを踏みにじることだと、翁は怒ります。

シテ　孫もあり、曾孫もあり。山々谷々の者ども、出で合いて。あの狼藉《ろうぜき》人を打ち留めそうらえ。打ち留めそうらえ。

※天智天皇七年＝吉野金峯山寺《きんぷせんじ》に蔵王権現が出現した年。詳しくは後述。
※天武天皇元年＝壬申の乱が起きた年。
※表章＝能楽研究者（昭和二・一九二七年～平成二十二・二〇一〇年）。法政大学名誉教授、野上記念法政大学能楽研究所所長をつとめる。主著に『能楽史新考１・２』『喜多流の成立と展開』『大和猿楽史参究』など。
※天野文雄＝能楽研究者（昭和二十一・一九四六年～）。京都芸術大学舞台芸術研究センター所長、大阪大学名誉教授。主著に『翁猿楽研究』『能に憑かれた権力者』『世阿弥がいた場所』などがある。

翁はすごい剣幕《けんまく》で、山や谷に響きわたる大声を出して一族を呼び寄せようとしました。多勢に無勢と、追っ手は慌てて退散します。

この吉野の山中には翁と同じ国栖族の仲間が大勢住んでいるのです。

ではなぜ、大海人皇子は助けられ、天智帝側の兵士は追い払われたのでしょう？　それは国栖の人たちと天武天皇とは同じ信仰を奉じていたから、ではないでしょうか。それが権現《ごんげん》思想、権現系の信仰だったのではないか、と思うのです。天武天皇は権現思想を信じる人びとから支持された、追い払われた天智帝側の人たちはどちらかといえば神道系だった、と考えられます。

国栖の翁は、兵士が家や舟を捜索しようとしても勝手にさせません。ほうほうの体《てい》で追っ手が去り、騒動が落ち着くと、官人が老夫婦を称揚《しょうよう》し、帝もみずから感謝を示されます。老夫婦は、かたじけない、と感激の涙を流します。

現行の演出※では、夜も更けたところで「中入」※となり、老夫婦はいったん退場します。再び現れたとき、媼は天女に、翁は蔵王権現に変じています。

蔵王権現とは、吉野山中の金峯山寺《きんぷせんじ》・蔵王堂《ざおうどう》に祀られる菩薩さまです。悪魔降伏《ごうぶく》の菩薩とされ、憤怒《ふんぬ》の相をした力強い仏さまです。蔵王菩薩、金剛蔵王とも呼ばれ、修験道《しゅげんどう》の本尊でもあります。

こうして終盤に蔵王権現が顕れることで、国栖族は権現思想を信奉した人びとだった、ということが明かされます。そして蔵王権現が、

地謡《じうたい》　国土をあらため治むる御代《みよ》の
　天武の聖代、畏《かし》き恵み。あらたなりける。例《ためし》かな

と天武天皇の即位と繁栄を謡《うた》い上げます。つまり、天武帝の御代は蔵王権現が守る、と宣言したのです。

※現行の演出＝原初の形に近い古式演出では、老夫婦は中入で退場しません。そして天皇家側の天人が五節舞を舞い、土地神である蔵王権現が威光を顕《あらわ》すことで二つの神格が顕れ、二つの部族が仲よくなった、と感応の舞を見せるのです。
すなわち、天津神《あまつかみ》の天女は大海人皇子を守るために五節舞を舞いながら天から降りてきます。それを受けて国津神《くにつかみ》（土地神）の蔵王権現が天武天皇の聖代を守りますよ、と感応の姿を顕します。現行演出では食い違いが起きて少しわかりにくいのですが、古式演出を仔細《しさい》に見ると『国栖』のテーマがはっきりとわかるのです（源次郎）
※中入＝『国栖』では「天つ少女の返す袖。五節のはじめこれなれや」という謡《うたい》で中入となる。「五節」とは、雅楽《ががく》の五節舞のことで、その起源について述べている。

『国栖』は、追いつめられた大海人皇子が、吉野山中で権現信仰の民族＝賀茂《かも》族※や国栖族と出会い、助けられて復活し、ついに政権を取った、という物語です。別の言い方をすると、天武天皇は吉野で、山岳信仰の人びとの大きなネットワークに助けられた、ということです。

この曲の作者は不詳なのですが、はっきりしているのは、七世紀の史実を語り継ぎ、十四世紀頃に謡曲にして現代まで大事に伝えてきた、ということです。

その理由はというと、能楽師の先祖も権現思想を受け容れていたからではないでしょうか。この曲をつくって伝えることで、自分たちのルーツを後世に語り継ぎたかったのでしょう。

歴史の浪漫といいますか、奈良の吉野には今もこの話が事実として伝わっています。吉野の人は「ここへ天武天皇が逃げてきたのを匿《かくま》って、追っ手の犬がここまで来たのでこの石で殴り殺したんですよ」などと、実際に今さっき見たかのように話してくれます。

また吉野には、「国栖奏《くずそう》」という伝統芸能が伝わっています。かつては宮中にも参内《さんだい》して舞われた歌舞で、翁舞の一種です。今も旧正月に舞われ、奈良県の無形民俗文化財になっています。以前拝見したとき、そこで使われている鼓《つづみ》を見せていただくと「宮増弥左衛門《みやますやざえもん》」の極《きわめ》※がありました。

能楽師たちも『国栖』を七百年ほど、ことのほか大事に演じ続けてきました。能楽界とはそういうことをしている人たちの世界なのです。

◎権現思想とは何か――鍵を握る〝役行者《えんのぎょうじゃ》〟

源次郎　権現思想は『国栖』だけでなく、ほかの曲にもしばしば現れます。いわば、能楽に広く影響を与えた重要な宗教思想です。

「権現」とは〝姿を持たないあらゆる神仏が、神仏習合から生まれた日本独特の神や仏として顕れる〟という意味です。「権現」の「権」とは、「権禰宜《ごんねぎ》※」「権大納言《ごんだいなごん》※」などの「権」と同じで、「仮の」という意味です。「仮に現れる」から「権現」なのです。

――いろんな権現さまがいらっしゃるそうですね。江戸時代には、単に「権現さま」といえば、東照大権現《とうしょうだいごんげん》＝徳川家康《とくがわいえやす》公のことを指していたと聞きました。家康公も神さま仏さまの一人で、仮に人間の姿をして日本に現れたのだ、と。

※賀茂族＝詳しくは後述しますが、権現思想で大変重要な宗教者・役行者《えんのぎょうじゃ》を生んだ部族です。（源次郎）

※極＝署名や花押《かおう》でのしるし。宮増弥左衛門親賢《ちかかた》は文明十四（一四八二）年～弘治二（一五五六）年在世の小鼓の名人。ですからその鼓も少なくとも五百年ほど前のものだとわかるわけです。（源次郎）

※権禰宜、権大納言＝禰宜は神社に仕える神官で、最高位である宮司の次に位置する。権禰宜は禰宜の次。大納言は律令制の官職で上位の行政官。権大納言はその定員外の官職。これらは「権官」といい、「臨時部長」のようなニュアンス。

江戸時代、権現信仰が盛んだった反動からか、明治元（一八六八）年の太政官布告「神仏分離令」では「権現」号は仏教用語であって神号に使ってはいけない、と禁止されたということもあったそうです。

一般的に権現さまというと、春日《かすが》権現（奈良県・春日大社《かすがたいしや》）、熊野《くまの》権現（和歌山県・本宮、新宮、那智《なち》の熊野三山）、秋葉《あきは》権現（静岡県・秋葉山）、白山《はくさん》権現（石川県、福井県・白山）、立山《たてやま》権現（富山県・立山）、蔵王権現、羽黒《はぐろ》権現（山形県・蔵王山、羽黒山）、金毘羅《こんぴら》権現（香川県・象頭山《ぞうずさん》）、根《ね》津《づ》権現（東京都・根津神社）、愛宕《あたご》権現（京都府・愛宕山）などさまざまで、地方や人によって思い浮かべる権現さまが違います。

秋葉・立山・白山・羽黒などは修験道の神さまで、それぞれ山が聖なる場所であり、また信仰の対象としています。山岳信仰ともいわれます。春日や愛宕は春日明神《みようじん》・愛宕明神など宗派によっては、「明神」号で呼ばれることもあるそうですね。

源次郎 かなり後になりますが、江戸後期の寛政十一（一七九九）年には歿後《ぼつご》千百年を記念して、当時の光格天皇が役行者《えんのぎようじや》に「神変大菩薩《じんべん》」の諡号を追贈しています。やがて来る明治維新を予見して神仏合体の神号を用意したのかもしれません。

修験道は権現思想を理解する鍵です。

修験の開祖とされるのが飛鳥時代の宗教者・役行者です。またの名を役小角《えんのおづぬ》。その役行者こそが権現思想を打ち立てたご本人なのです。

――先ほどの『国栖』の後半の主人公（後シテ）は蔵王権現でした。いきなり『国栖』だけを読むと、なぜ後半の主人公が蔵王権現なのか、前半の翁がなぜ後半には神さまになってしまうのか、今ひとつわからないですね。

源次郎　少しご説明しましょう。

蔵王権現は、金峯山寺に金剛蔵王菩薩※として祀られていますが、じつは他の仏さまと違って、インドに起源をもちません。日本オリジナル※の仏さまなのだそうです。

※東照大権現＝元和《げんな》二（一六一六）年四月に家康が駿府で亡くなると、遺言に従って幕府は久能山《くのうざん》に東照社を建てて祀った。翌年二月、朝廷から東照大権現の神号が贈られた。家康のブレーンだった南光坊天海《なんこうぼうてんかい》が権現思想を取り入れた提言による。

※菩薩＝菩提薩埵《ぼだいさった》とは本来、仏になる直前の高位の修行者のことで、インド仏教の概念。

※日本オリジナル＝役行者が生み出した、というと語弊があるので、普通は役行者の祈りによって蔵王権現が出現した、感得した、とか示現した、という。

「金峯山修験本宗総本山　金峯山寺」（奈良県吉野郡吉野町）、国宝の蔵王堂
（写真：松井良浩）

――金峯山は、役行者が修行をした霊場だそうですね。つまり、蔵王権現とは、天智天皇七（六六八）年に役行者が金峯山で修行中に顕れた仏さま、ということでしょうか。

源次郎　そうですね、吉野金峯山寺の田中利《り》典《てん》※長臈《ちょうろう》（長老）からは「権現」とはアバター（分身）だとお伺いしました。

　蔵王権現が出現した伝説のエピソードが伝わっていますので、ご紹介しましょう。

　天智天皇七年、役行者三十代の頃です。吉野金峯山に籠《こ》もって祈り続けていた行者の前に、釈迦如来《しゃかにょらい》が顕れました。釈迦は「荒れ果てた世の中を救いましょう」とおっしゃったのですが、役行者は「あなたは過去を救ったでしょうが、今の戦乱はとてもおさめられません、お直りください」とお帰りいただきました。釈迦如来は過去世とされます。

次に千手観音が顕れ、「私がなんとかしましょう」とおっしゃいます。行者は「あなたも無理でしょう」とお引き取りいただきました（現在世）。

さらに祈ると弥勒《みろく》菩薩が顕れます。しかし行者は「あなたが出てくるのはまだ早い」（未来世）とお断りされました。

最後に、大地が鳴動し、地割れが生じた中から何者かが、右手右足を上げて飛び出してきました。役行者は、地に着いた左足を捕まえて「ここに留まり、この戦乱の世をおさめてください」と金剛宝石の上に留めた、といいます。これが蔵王権現さまでした。（『金峯山秘密伝《きんぷせんひみつでん》』「金剛蔵王本地垂迹《ほんじすいじやく》習事」）


——ここで役行者がどんな人物か、さらっておきましょう。

役行者は大和《やまとの》国（現・奈良県）の西部の葛城山《かつらぎさん》系の生まれ、舒明《じょめい》天皇六（六三四）年生まれとの説があります。正式な名前は賀茂役君《かものえんのきみ》の小角《おづぬ》。大和葛城あたりを拠点とする少数民族の

※田中利典＝修験者（昭和三十・一九五五年～）。種智院大学客員教授、日本山岳修験学会評議員などもつとめる。『よく生き、よく死ぬための仏教入門』（小社刊）ほか著書多数。

賀茂族（加茂族）の役君（役公とも）の家柄で、賀茂宗家に仕えて「役《えだち》」と呼ばれる歳役《さいえき》・雑徭《ぞうよう》※をつかさどっていたともいわれるそうです。

十代で都の元興寺《がんごうじ》（飛鳥寺《あすかでら》）において孔雀明王呪法《くじゃくみょうおうじゅほう》※を学んだ、ということは当時のエリートですね。その後、故郷の葛城山や熊野山系、大峰山などで山岳修行を重ねます。都の中で出世する道を選ばず、山野で厳しい修行を続けたのですね。

源次郎　京都仏教の空海《くうかい》・最澄《さいちょう》は日本仏教を改革したとされますが、それ以前の奈良にも、相当高度な仏教理論が渡来していたことがわかります。そして役行者もまぎれもなく、当時の伝来仏教に対して、日本古来の山岳信仰をベースにしたハイブリッドな信仰で改革を唱えていたのです。のちの弘法大師《こうぼうだいし》空海に通じるところもあります。

金峯山寺の蔵王堂には、過去・現在・未来の三体の蔵王権現が同じお姿で祀られています。それは、それぞれ釈迦如来・千手観音・弥勒菩薩が蔵王権現さまの姿となって仮に現れた（権現）、時間も空間も、すべてはつながっているのだ、という宇宙観を表しているといえるでしょう。

◎『夕顔』――役行者への信仰が生きている

源次郎　小鼓を演奏していると、目に見えない不思議な糸で操られているな、という気がすることがあります。

古作のお能の曲は『古事記』（和銅《わどう》五・七一二年）や『日本書紀《にほんしょき》』（養老《ようろう》四・七二〇年）、『伊勢《いせ》物語《ものがたり》』（平安前期）、『拾遺和歌集《しゅういわかしゅう》』（平安中期）、『撰集抄《せんじゅうしょう》』（平安後期）、『平家物語《へいけものがたり》』『源平盛衰記《げんぺいせいすいき》』（鎌倉中・後期）などの古典に取材したものが多いのですが、その中に引用元の物語を超えて、能の作者がある意図を込めた部分に気づくのです。あくまでも、サラリと触れているだけなのでつい見過ごしてしまいますが、作者は確信犯でそんなことをしているとしか思えないことがある。

『夕顔』は『源氏物語』の「夕顔」の帖（章）に取材した、夢幻能の代表的な曲です。作者は不詳とされますが世阿弥の可能性が高い。まず、ざっとご紹介しましょう。

※歳役・雑徭＝役・徭とも一年のうち十日などと定められた期間課せられた労役。役は都で、徭は地方で働かされ、役は物納にかえることもできた。
※孔雀明王呪法＝真言宗のマントラ（真言）を唱える秘儀。インドでは毒虫や毒蛇を食べる孔雀が神格化され、災厄を払って衆生《しゅじょう》を救うとされる。

【夕顔】あらすじ

豊後国《ぶんごの》（現・大分県）から都へきた旅僧（ワキ）が五条のあたりを通りかかると、荒れ果てた屋敷から女が歌を吟《ぎん》ずる声がする。「山の端の、心も知らで、行く月は、うわの空にて、影や絶えなん」。

里女（前シテ）が現れ、ここは『源氏物語』に登場する何某の院（源融《みなもとのとおる》大臣※の屋敷）で、光源氏《ひかるげんじ》と逢い引きしていた夕顔の君が物の怪《け》に命を取られた場所である、と夕顔がどのように死んだかを物語る。

月を見ながら僧が法華経《ほけきょう》を誦《しょう》すると、夕顔の霊（後シテ）が顕れ、回向《えこう》※してくれと言い、歌を詠《よ》む。「優婆塞《うばそく》が。行う道をしるべにて　来ん世も深き。契《ちぎ》り絶えすな　契り絶えすな」。夕顔の霊は舞を舞い、仏道に帰依《きえ》すると誓い、東の空が明らむ頃消えてゆく。

――この「優婆塞が」の歌の部分が、元の『源氏物語』の歌と違うと思うのです。

紫式部の原作はこうです。

「優婆塞が　行う道を　しるべにて　来ん世も深き　契り違うな」（『源氏物語』第四帖「夕顔」）

優婆塞とは、出家した僧侶＝比丘《びく》に対して、在家の修行者を指します（女性の場合はそれぞれ比丘尼《に》、優婆夷《い》となる）。

もともとの『源氏物語』では、光源氏が夕顔を連れ出す際、家の近所で修行者が勤行《ごんぎょう》している声が聞こえる。「御嶽精進《みたけしょうじん》にやあらむ（だろうか）」とも書かれている。御嶽信仰のお祈り、ということですね。この御嶽とは当時、大和・吉野の金峯山を指したそうです。

『源氏物語』では夕顔と源氏とのやりとりの一環、恋の歌として「優婆塞の勤行の声を道しるべとして、来世も深い約束に背かないでください」と解釈されます。

しかし謡曲『夕顔』では違います。「契り違うな」から「契り絶えすな」へと変わっている。「約束に背かないで」ではなく「つながりを途絶えさせないで」になったのです。

もしかすると、ここは能の作者がそっと書き変えた部分ではないでしょうか。

源次郎　なるほど、そうかもしれません。

※源融大臣＝平安前期、嵯峨《さが》天皇の皇子で臣籍降下した。六条河原院《ろくじょうかわらのいん》を造営し、河原左大臣と呼ばれた。光源氏のモデルとの説がある。世阿弥作『融』の主役。
※回向＝読経などの仏事供養の功徳を死者に回し向け、往生を願うこと。

旅僧が上げるお経は法華経ですから、天台宗《てんだい》※です。天台宗の思想では、本来、女性は成仏できません。この曲でも、後半に登場した夕顔の霊が「さなきだに女は五障の罪深きに」と言い、成仏できないのだ、ということに触れられています。

天台思想では女性が成仏するには、いったん男子に生まれ変わって（変成男子《へんじょうなんし》）、しかるのちに成仏する（転女成仏《てんにょじょうぶつ》）しかない、とされています。

この曲でも「開くる法華の英《はなぶさ》も、変成男子の願いのままに、解脱《げだつ》の衣の袖ながら」と謡われ、法華経＝天台思想では女はそのままでは成仏できない、ということにはっきり言及しています。

ですが、その前に「優婆塞が行う道を　しるべにて」と謡っているのです。はっきりいうと、ここでの優婆塞とは役行者のことです。役行者の別名が「役優婆塞《えんの》」なのです。

『日本霊異記《にほんりょういき》※』にはこの役優婆塞のエピソードがたくさん載っています。当時、何の前置きもなく「優婆塞」といえば、それは役行者のことを指したわけです。

昔、俗に「大師《だいし》は弘法《こうぼう》に取られ、優婆塞は役に取られ」という言い回しがありました。

大師号は朝廷から高僧へ贈られた尊称ですが、弘法大師空海が大いに名を上げた結果、「大師」といえば弘法大師を指すようになってしまった、という意味です。ほかにも大師には伝《でん》教《きょう》大師最澄や慈覚《じかく》大師円仁《えんにん》など大勢いるのに、「お大師さま」といえば問答無用で弘法大師のことです。

同様に「優婆塞」も在家の修行者一般を指す言葉ですが、役行者が尊敬を集めたことで、単に「優婆塞」といえば「役優婆塞」つまり「役行者」を意味するようになりました。

――原作の『源氏物語』では恋愛の話だったのに、ずいぶんと宗教的な色合いが強くなっているのですね。

源次郎　お能の『夕顔』では、役行者がおこなった道＝権現思想を道しるべとして進もう、と謡っています。

天台思想であれば女性は成仏できません。が、権現思想での歌を詠んだことによって、夕

※天台宗＝比叡山延暦寺《ひえいざんえんりゃくじ》を総本山とする、平安時代の一大メジャー宗派。開祖は伝教大師最澄。根本経典は妙法蓮華《みょうほうれんげ》経（法華経）。

※『日本霊異記』＝平安時代初期、弘仁十三（八二二）年頃に成立したとされる日本最古の仏教説話集。著者は紀伊《きいの》国（現・和歌山県）生まれの薬師寺官僧、景戒《きょうかい》。古墳時代・雄略《ゆうりゃく》天皇から平安前期・嵯峨天皇の頃までの話を集成しているが、中心は行基《ぎょうき》が活躍した奈良時代。

顔の花の精の生まれ変わりであることを仮託して、この女性は夕顔の精が人間の姿をして仮に顕れたものだから、夕顔の精が成仏できるならこの女子も成仏できるよね、といって成仏させてしまうのです。

この曲は、一見、天台思想を前面に出しているのですが、じつは役行者のおこなった道＝権現思想が標《しるべ》になっていて、その契り＝つながりを絶やさないでね、絶やさないでね、と言って舞を舞うわけです。

ここには、「なんとかして」「よってたかって」人を助けようとする、能楽のコンセプトが隠されているともいえるでしょう。

さまざまな信仰や宗教があるわけですが、神道、仏教、たとえば天台の教えで救われないのなら権現思想で救われるのではないか、権現思想がダメなら禅《ぜん》宗ではどうだ、仏教で救えないのなら儒教《じゅきょう》はどうだ、と能楽はいろいろな教えを渡り歩いてでも人を助けようとするのです。じつは、この考え方自体が権現思想なんですね。

『源氏物語』は京都の物語です。当時の京都は天台思想が一世を風靡《ふうび》していました。が、そこに奈良の山々に発する権現思想の影をそっと挿入している。世阿弥のバックにある南都・奈良と、当時の京都との何か裏表の関係が見え隠れするようで、非常に興味深い曲です。

世阿弥というと京都で活躍した、と刷り込まれている方が多いでしょうが、じつは奈良の人で、お能も奈良で生まれたのだ、ということを覚えておいていただきたいです。

◎京の都を席巻していた天台宗と、世阿弥のすごい関係

――八世紀の終わり、たった十年ほどのあいだに桓武《かんむ》天皇が平城《へいじょう》京から長岡京《ながおか》※（延暦《えんりゃく》三・七八四年）へ、ついで平安京《へいあん》※（延暦十三・七九四年）へと立て続けに遷都《せんと》し、奈良とは違った新しい仏教界が形成されることになりました。

京都仏教の中心は、比叡山《ひえいざん》・天台宗ですよね。平安京にはもう一つ、真言宗《しんごん》※もあって平安二宗といわれたりもしますが、真言宗は和歌山の山奥の高野山金剛峯寺《こうやさんこんごうぶじ》、かなり京都からは遠いですね。京都市内では南のはずれ、八条の東寺《とうじ》が真言宗の中心でした。

※長岡京＝現在の京都府向日《むこう》市から京都市西京区にあった都。藤原種継《ふじわらのたねつぐ》に造営させ、旧勢力を一掃した新都にしようとしたが種継暗殺で頓挫《とんざ》。

※平安京＝現在の京都市。長岡京遷都から十年、和気清麻呂《わけのきよまろ》の建議で再遷都。日本史上最大の都として造営され、以後千百年間、都となった。

※真言宗＝高野山金剛峯寺を総本山とする。開祖は弘法大師空海。天台宗よりもとりわけ秘密の教え（密《みつ》教）を重視する。天台宗の密教を台密《だいみつ》、真言宗の密教を東密《とうみつ》（京では東寺を拠点とした）と呼ぶ。

源次郎　比叡山は、のちに念仏《ねんぶつ》宗の法然《ほうねん》・親鸞《しんらん》や、法華《ほっけ》宗の日蓮《にちれん》、禅宗の栄西《えいさい》・道元《どうげん》など立派な宗派の宗祖を輩出しました。それだけ多くの人材が集まったということです。

天台宗の中心思想は法華経ですが、密教・念仏・禅なども含んでいて、仏教教学の総合大学のようなものだったといえます。

朝廷との関係も密接で、天台宗の高僧は天皇家の宗教ブレーンとして厚遇されたんです。

そもそも平安遷都も、南都仏教と距離を置くためだった、という説があります。

桓武天皇は、南都六宗《なんとりくしゅう》（三論《さんろん》宗・成実《じょうじつ》宗・法相《ほっそう》宗・倶舎《くしゃ》宗・華厳《けごん》宗・律《りつ》宗）を奈良に置いたまま、まず長岡京へ遷都し、十年後に平安京へと遷都したのです。これらの寺院は平城京では、宗教的にも政治的にも力をもちすぎていて、桓武天皇としては煙たかったのかもしれません。

延暦二十四（八〇五）年に唐《とう》から帰国した最澄が、南都六宗とは別の立場で天台法華宗を開きます。

根拠地は都の北東の比叡山延暦寺。奈良仏教と距離を取りたかった朝廷が、天台宗の寺院を都の北嶺・比叡山に建てさせたのには当然、多くの意味がありました。

——先生のご先祖さまにあたる能楽師たちは、平安遷都の際はどうなさったのですか？

▶田村↓13p

源次郎　私たち能楽師の先祖も、ルーツは大和です……。

具体的にいいますと、当時最大のスポンサーは妙楽寺《みょうらくじ》※（現・談山神社《たんざんじんじゃ》）と興福寺《こうふくじ》※でした。興福寺は南都六宗の代表・法相宗総本山ですから、天台宗の比叡山とは微妙な背後関係にありました。

また、京都のお寺さんでも清水寺《きよみずでら》※は南都系なんです。

征夷大将軍・坂上田村麻呂を謡った能『田村』※でも述べられていますが、清水寺は南都興福寺法相宗の出先機関として、平安遷都前の宝亀九（七七八）年に建てられました。平安遷都に先んじて京都へ拠点を移した、それが清水寺なのです。なお今は「北法相宗」の本山です。

※妙楽寺＝奈良県桜井市の談山神社は、明治の神仏分離令より以前は「多武峰妙楽寺《とうのみねみょうらくじ》」といった。談山の名の由来は、中臣鎌足《なかとみのかまたり》と中大兄皇子がここで大化の改新のための相談をしたため、とされる。天武天皇七（六七八）年に鎌足を供養するために墓を当地に移したのが開基《かいき》と伝えられる。桜と紅葉の名所であり、桜の季節には談山能が催されている。

※興福寺＝南都七大寺の一つ。天智天皇八（六六九）年に中臣鎌足の病平癒を祈願して夫人が創建した山階寺《やましなでら》が起源。平城京遷都の際に子の不比等《ふひと》が現在地に移し興福寺と名付けた。

※清水寺＝創建当初は法相宗、平安時代中頃では真言宗も兼ねていたという。現在は「北法相宗」の大本山。本尊は十一面千手観世音菩薩。平安末期には興福寺と延暦寺（南都北嶺）の争いから被災、平安時代から江戸時代初期まで九回の火災に遭っている。

談山神社（奈良県桜井市）。桜の季節には談山能が催される。（写真：松井良浩）

だからでしょうか、南都仏教の清水寺は、京都仏教の比叡山の僧兵から再三焼き討ちを受けており、何度も迫害されました。応仁の乱の兵火なども含めると九回焼失したとのことです。

しかしながら、能楽では不思議と清水寺のことを悪く言う曲はないんです。能楽師たちは京都の舞台であろうと、清水寺を謡った曲を絶やさず演じてきたのです。

また、哲学者で日本史研究家の梅原猛※先生は、お能には天台思想の影響がある、とおっしゃっていました。

能楽師の側からすると、京都のスポンサーたちにも気を使って天台思想を採り入れ、さまざまな教えのよいところどりをして、たくみに取り込んだのではないか、という気もしてきます。

そう考えると、能楽師たちと天台仏教の微妙な関係が見え隠れしてきます。

※『田村』＝作者不詳の二番目（修羅）物。旅の僧が、清水寺を掃除する少年から、当寺を創建した坂上田村麻呂のいわれを聞く。僧は武者姿の田村麻呂が観音に願をかけ、敵の軍勢を打ち破った様子を夢に見る。『今昔物語』『清水寺縁起』などから取材している。清水寺の権威付けに田村麻呂をもち出してきた、ともいえる。

※梅原猛＝哲学者（大正十四・一九二五年〜平成三十一・二〇一九年）。実存主義哲学から「梅原日本学」と呼ばれる歴史研究、「スーパー能」「スーパー歌舞伎」の創作など活動は多岐にわたる。『隠された十字架——法隆寺論』『水底の歌　柿本人麿論』『ヤマトタケル』ほか著書多数。国際日本文化研究センター初代所長、談山能伝承会名誉会長。

そして、その根底にあったのは権現思想だったのではないか、と、私は解釈しているのです（笑）。

元来、京都の人は上は朝廷から下は庶民に至るまで天台宗がベースにありますから、京都で能を演じる場合、そこは尊重するんです。かといって奈良を無視することもできません。ですから先ほどの『夕顔』のように、法華経を上げて変成男子を願う、と天台思想を前面に出す一方で、こっそりと「優婆塞（役行者）」との「契り」を大事にするのですよ、とのメッセージを忍ばせたのではないでしょうか。

——空海が開いた高野山・真言宗は「密教《みつ》」といわれるのに対し、法華経を中心に据えた比叡山・天台宗は「顕教《けんきょう》」と呼ばれるそうですね。

密教とは「文字に拠《よ》らない」「秘密の教え」だそうですからとてもわかりにくいです。難しい修行をしたエリートの僧侶にしか理解できないような気がします。

それに対して顕教は、秘密ではない、「衆生にも理解できるはっきりした教え」なのでしょうか？

源次郎　はじめはそうだったかもしれません。しかし天台宗も徐々に密教化していくんです。

なぜそのように変わっていったかといえば、天台宗に本覚《ほんがく》思想があったからだと思うのです。

本覚とは、「本来の覚性」を略した言葉で、すべての者が覚《さと》りを開く可能性をもっていますよ、誰でも仏になることができますよ、という意味です。そして「一切衆生悉有仏性《いっさいしゅじょうしつうぶっしょう》」という言葉に集約されます。仏性がある＝成仏するということです。涅槃《ねはん》経など、法華経と並ぶ顕教の経典にあった考え方だといいますが、これが徐々に広く解釈されるようになるのです。

さらに、すべての者は人間だけでなく動物も、さらに草木のように魂がなさそうなものにも、あるいは山や川などこの世界すべてに仏性がある、ということで「草木国土《そうもくこくど》悉有仏性」といわれます。あるいは「草木国土悉皆成仏《しっかいじょうぶつ》」ともいわれます。

「一切衆生悉有仏性」、「草木国土悉有仏性」、「草木国土悉皆成仏」。

これらの言葉はお能のさまざまな曲に繰り返し出てきます。例を挙げてみましょう。

『現在七面《げんざいしちめん》』には、「草木国土悉皆成仏の法華経なれば。女人の助かりたるところをも語って聞かせそうろうべし」。

『芭蕉《ばしょう》』には、「さてさて草木成仏のいわれをなおも示したまえ」「薬草喩品《ゆほん》現れて。草木国土有情非情も。皆これ諸法実相の、峰の嵐や、谷の水音」。

『鵺《ぬえ》』には、「一仏成道観見法界《いちぶつじょうどうかんけんほっかい》。草木国土悉皆成仏、有情非情皆共成仏道《うじょうひじょうかいぐじょうぶつどう》」。

などなど、形を変えながら繰り返されていくのです。

これこそ「神も仏も、人も鬼も一緒なのだ」とまでいい得る、中世の哲学、謡曲・言霊《ことだま》文化の精華であるように思います。

鼓の胴の金蒔絵《きんまきえ》※に草木を描いたのもこの頃と思われます。

雅楽《ががく》の楽器には鳳凰《ほうおう》・龍など架空の霊獣が多く描かれました。それに対して能楽の楽器には草や木、花、また鳴子《なるこ》のような農具が描かれました。それも、当時最高級の画材である金を使った蒔絵で、すなわち、仏さまの姿として描かれたのではないかと思います。

この根底は本地垂迹《ほんじすいじゃく》思想や権現思想と重なっていたのではないでしょうか。

――本地垂迹とは、「日本のローカルな神々は、じつはインドの仏さまたちが化身《けしん》したものだ」という思想ですね。

源次郎　そうです。ですがこれ、「神仏の姿は皆、仮のもの」という権現思想に似ていませんか？　私は、自然界にあるものは皆、仏である、という「草木国土悉皆成仏」といった考え方も、大和の権現思想も、天台の本地垂迹思想も、同じものを共有する思想だったのではないかと思っています。皆、仏性が備わっているのだから、能楽を通して修行しようよ、と考えてきたのでしょう。

京都の高僧たちは「本地垂迹・山川草木悉皆成仏」と論理の筋を一本通し、大和の能楽師たちは京都を舞台に本地垂迹思想にもとづいた数々のお能をつくりました。双方争わないで、互いの論理を通しながら文化を形成していったように思います。

これを世阿弥が計算して、謡曲のあちこちに書き込んでいたのだとしたら、すごい作戦だと思いますね！　あえてカオスの中で皆に伝えたかったことを徹底させていったのですから。

◎『白鬚《しらひげ》』――比叡山開闢《かいびゃく》伝説に隠された、地元反対運動？

――天台宗をテーマにしたお能はありますか？

源次郎　延暦寺の仏堂開闢《かいびゃく》、つまり比叡山開山ですね、それをメモリアルした能を二曲ご紹介

※金蒔絵＝鼓胴の絵柄には桜や鳴子などがあります。鎌倉・室町期の工芸品で高価な金を施せるのは仏像くらいしかなかったところ、鼓胴に金で桜（春）や鳴子（秋）などの柄を描き始めたのは、桜を霊木として仏像を刻むような気持ちがあったのではないか、あるいは鳴子のように稲作を守る道具を描くことによって魔や邪気を払う、神力仏力への思いを絵に込めたのではないか、と思われます。（源次郎）

します。一つは『白鬚《しらひげ》』、もう一つが意外なことに、鬼の酒呑童子《しゅてんどうじ》を主人公にした『大江山《おおえやま》』です。

まず『白鬚』から見ていきましょう。

《白鬚》あらすじ

天皇の霊夢のお告げで近江に遣わされた勅使《ちょくし》（ワキ）が、白鬚明神に参詣《さんけい》する。そこで出会った老漁夫（前シテ）が故事を語る。

大昔、釈尊《しゃくそん》（釈迦）が生まれる前、兜率天《とそつてん》※にいたとき、仏法を広める地を求めて飛行し、比叡山を見つけた。その後釈尊はシッダルタとして生まれ八十歳で入滅《にゅうめつ》※すると、再び飛来して、比叡の麓《ふもと》・志賀の浦で釣りをする翁に声をかけた。

「この地の主ならば、この山を私にくれないか、仏法結界の地にするから」。しかし翁は「自分は六千年前からこの山の主だ。ここが結界の地になると釣りをする場所がなくなるから、申し訳ないが」と断った。

釈尊が諦めて帰ろうとしたところへ、東方から薬師如来が現れて「私は二万年前からここの主だが、翁は知らないだろう？　この山くらい惜しむな。開闢して、私もこの山の主となるから、ともにのちのち五百年、仏法を守ろう」と加勢してくれた。それで譲ることにしたのだが、そのときの翁こそ白鬚明神であり、自分なのだ、と老漁夫は勅使に言って消える。

夜、社檀から土地神＝白鬚明神（後シテ）が顕れ、天津神《あまつかみ》＝天女（後ツレ）や湖の主＝龍神（後ツレ）とともに舞って勅使をねぎらい、それぞれの神々が協力し合うハイブリッド国家の誕生を祝う。


お釈迦さまの霊が「ダメかあ、よい土地なんだけどなあ」としょんぼり引き下がるのが面白い。

「一切衆生悉有仏性如来、常住無有変易」の波の声で釈尊が比叡山を見つけるのですが、このくだりは先ほどの本地垂迹説ですね。

白鬚明神の化身である翁が「釣する所失せぬべし」と断るのは、寺域＝聖域になると殺生《せっしょう》

※兜率天＝天界の一つで、未来に仏となって衆生を救う菩薩が待機している、とされる。
※入滅＝釈迦や高僧の死をいう。仏教の目指す煩悩《ぼんのう》（心の汚れ）を滅した涅槃《ねはん》（不生不滅の悟り）の境地に入ること。

禁断の地になるので、もともと地元にいた我々が働けなくなるじゃないか、という抗議です。

薬師如来が顕れて「私はお前よりもっと古く、二万年前からここの主だ」と主張する、面白いですね。既得権があるのは私だ、ということでしょうか。

『白鬚』は、比叡山に仏教寺院を開こうとした際、さまざまな文化をもつ土着の人びとと悶《もん》着《ちゃく》があったことを書き残しているのでしょう。万事スムースにいったのではない、ということです。

◎伸び縮みする古代の暦・時間感覚

――『白鬚』では「人寿二万歳のとき」とか「その後人寿百歳のとき」「我人寿六千歳のはじめより」「我人寿二万歳の昔より」などと途方もない年齢の話がいろいろ出てきます。これはどういうことなのですか？　神さまや仏さまだから何千歳、何万歳も生きられたのでしょうか。

源次郎　一つの解釈は、「人寿二万歳のとき」「その後人寿百歳のとき」というのが、「かつて人間の寿命が二万歳だった頃」「その後、人間の寿命が百歳に定まったとき」という意味だとする考え方です。

太古の昔は、人間の寿命はとてもとても長かった。しかし、天孫《てんそん》である瓊瓊芸尊《ににぎのみこと》が大山祇神《おおやまつみのかみ》から二人の娘を嫁にとすすめられた際、美人の木花之佐久夜毘売《このはなのさくやびめ》を娶《めと》り、醜い石長比売《いわながひめ》を帰してしまった。石長比売は岩のように長く生きる、永遠の命を授けるはずだったのに、それを帰したものだから瓊瓊芸尊の子孫、つまり人間は美しい花が散るように短い命になってしまった。

これが「人間の寿命が百歳に定まった理由」というエピソードです。

――じつはそれが、仏教の「劫《こう》」という世界観からやってきた考え方のようですね。仏教哲学の「倶舎論《くしゃろん》」だそうです。理解するのがとても難しいと評判の。

仏教では世界を四期（成劫《じょうこう》・住劫《じゅうこう》・壊劫《えこう》・空劫《くうこう》）に分けるそうです。

世界が成立した頃（成劫）、安定して存在する期間（住劫）、災害が起きてだんだんと滅びていく期間（壊劫）、世界が崩壊して空虚な時間だけが続き、次の世界を準備する期間（空劫）。これが無限に繰り返されると考えます。

この「劫」がまた非常に長い時間で、数え方も非常に難しい。「南閻浮提《なんえんぶだい》※」の人の寿命は伸び縮みするので、その人寿無量歳から百年に一歳ずつ減じて人寿十歳に至るあいだを第一減劫、

※南閻浮提＝古代インド人の宇宙の中心、須弥山《しゅみせん》の南にある島。ここが人類の住む世界とされた。つまり南閻浮提の人とは、我々人類のこと。

十歳から百年に一歳を増して八万歳に至ってまた次第に減じて十歳に至るまでを第一増劫と（第二）減劫とし、このようなことを十八回繰り返して……」と複雑な計算をして、この劫が二十回繰り返されるとやっと「住劫」一つ分となる、といいます。はっきりいってわけがわかりません（笑）。

たとえば「釈迦はこの人寿百歳のときに出現した」ともいわれます。これは同じ言い方が『白鬚』の詞章《ししょう》にも出てきますが、実のところ、それが今から何年くらい前なのかはさっぱりわかりません。厖大《ぼうだい》に遠い時間であるような気はしますが……。

インドの思想は難しいです。とくに時間観念が悠久で複雑で、ついてゆけません。

源次郎　本当にそうですよね。たしかにこの説は数字が途方もなく大きくなって難しいです。じつはもう一つ異説があります。暦の数え方が今と違った、とする考え方です。これはシンプルです。

古代日本の天皇は記録では不思議なほど長寿の方が大勢いらっしゃいました。

初代神武《じんむ》天皇は『古事記』の記録では百三十七歳、『日本書紀』でも百二十七歳。第六代孝《こう》安《あん》天皇は百二十三歳（記）／百三十七歳（紀）。ほかにも百六十八歳（記）の第十代崇神《すじん》天皇、百五十三歳（記）の第十一代垂仁《すいにん》天皇、百三十七歳（記）の第十二代景行《けいこう》天皇、百三十歳（記）

の第十五代応神天皇《おうじん》、ほかにも百歳を越えたとの記録がある天皇が続々おられます。百五十歳など、医学や衛生環境が進んだ現代でもあり得ない長寿です。

が、これにはじつのところ、実際の年齢を二倍していたのではないか、という説があるのです。

それは「春秋暦《しゅんじゅうれき》」といって、春から秋までを一年、秋から次の春までを一年と数え、三百六十日のうちに二年が経つ暦《こよみ》です。

春秋二倍暦、二倍年暦説などといって、日本では太古から飛鳥時代頃まではこの春秋暦が用いられた、ということです。日本古代史では知られるようになってきた説で、法隆寺《ほうりゅうじ》・善《ぜん》光寺《こうじ》・九州王朝などの人びとは春秋暦を使っていた形跡があるそうです。

――そうすると、百何十歳という長寿も、現代の数え方の二倍になっているわけですから、半分にして数えるといいのですね？　すると神武天皇は六十八歳ほど、崇神天皇でも八十四歳、応神天皇は六十五歳。いかにもありそうな寿命に見えてきます。

源次郎　「春秋暦」だけではありません。人の齢《よわい》の数え方には「年齢、月齢、日齢」という数え方もあります。一年に一歳年をとる、一月に一歳、あるいは一日に一歳と数えるやり方があるというのです。

とすると『白鬚』の「六千年前からこの山の主だ」という翁、「いや二万年前から」という薬師如来の場合もトリックがわかるでしょう。

まず、二万歳を三百六十で割ってみてください。なんと五十五歳と半年ほどになるんです。現代ではまだまだ働き盛りですが、古代では立派におじいさんでしょうね、五十代後半は。

次に六千歳ですが、ゼロを一つとって六百歳としましょう。そして月齢ですから十二で割る。五十歳です。

つまり六千歳の翁と二万歳の薬師如来の問答というのは、五十歳と五十五歳のおじいさんたちが議論した、ということになります。

暦の数え方が違うのは、部族が違うから、朝廷が一元的に管理する暦ではないから、といった理由が考えられます。比叡山が開かれる前の琵琶湖周辺には、いろいろな暦を使っていた民族がいたのではないでしょうか。

『日本書紀』の紀年と現在の実年が一致するようになるのは第二十九代欽明《きんめい》天皇（在位中）の五五〇年頃のことだそうです。この頃、中国から暦博士が渡来し、中国と同じ暦が用いられ始めたとのことです。

また、「皇紀二千六百年」といいますが、これも計算できてしまいます。

公式の暦で一年が三百六十日になったのが五五〇年頃以降だと仮定すると、皇紀二千六百年（昭和十五・一九四〇年）から一千三百九十年（一九四〇マイナス五五〇年）を引いて一千二百十年。つまり千二百年間ほどは春秋暦だったかもしれない。これを半分にすると六百年ですから、「皇紀二千六百年」の始まりの実年代はじつは紀元前一世紀頃ではないか、と見当がつきます。

古代の時間感覚、数の感覚が、現代人と違うことがよくわかるでしょう。それぞれ違う感覚をもった同士が議論したり交渉したりしていたんですね。

暦を朝廷が管理するものとはっきり定めたのは、近江の大津に都を定めた第三十八代天智天皇です。漏刻《ろうこく》で時間を計り、鐘鼓《しょうこ》を打って日本初の時報を開始したのが、今の時の記念日、六月十日のことだそうです。

◎『大江山』――最澄を〝えせ人〟と呼ぶ酒呑童子の意味

――比叡山にちなんだもう一つのお能は『大江山』だとおっしゃいました。大江山は丹波《たんば》（現・京都府、兵庫県、大阪府の各一部）や京都の西方だと思うのですが、なぜそれが比叡山のことを謡ったことになるのでしょうか？

源次郎　『大江山』は酒呑童子《しゅてんどうじ》を退治したとして有名な源《みなもとの》頼光《よりみつ》の物語がもとになっていますが、謡曲の主人公は頼光ではなく酒呑童子です。
能の主役（シテ）は、必ず「人ならざる者」「この世ならぬ存在」、もっといえば「退治された側」なんです。退治する人、ヒーローは皆、ワキ方です。

【大江山】あらすじ

鬼退治を命じられた源頼光※（ワキ）と藤原保昌《ふじわらのやすまさ》※（ワキツレ）、四天王《してんのう》※（渡辺綱《わたなべのつな》、坂田金時《さかたのきんとき》、碓井《うすい》貞光《さだみつ》、卜部季武《うらべのすえたけ》）と独《ひとり》武者※（各ワキツレ）の一行は山伏姿に偽装して大江山へ赴《おもむ》く。強《ごう》力《りき》※（アイ）が川で洗濯する女に宿を頼み、酒呑童子の隠れ家への潜入に成功。

酒呑童子（シテ）は「比叡山を出てから、出家には手を出さないと桓武天皇に約束した」と一行の宿泊を許す。

童子は頼光たちと酒を酌《く》み交わし、「ずっと比叡山に住んでいたのだが、大師坊といううえせ人が延暦寺を建て、仏たちを大勢呼んで責めるので、比叡を出てここに来た」と来歴を語る。

酒宴は大いに盛り上がり、童子は泥酔して臥処《ふしど》（寝室）に帰って眠る。（中入）強力《ごうりき》が女の協力で鉄の扉を開けさせ、頼光は身のたけ二丈（約六メートル）の鬼神（後シテ）に変じた童子へ斬りかかる。南無八幡、山王権現に祈った頼光たちは激しい格闘の末、酒呑童子の首級を上げて都へ凱旋《がいせん》する。

源次郎　作中ではっきり語られるように、酒呑童子はもともと比叡山に住んでいた先住民族なのですよ。

「我比叡の山を重代の住家とし、年月を送りしに」＝自分は比叡山で長年、仲よく暮らしていたのに、「大師坊というえせ人」＝最澄という〝偽者〟が来て、「嶺には根本中堂を建て、麓に七社の霊神をもたらし無念さに」＝仏教の霊地にする、といってこの土地で勝手に仏を祀ってしまって、自分たちは明け渡さざるを得なくなった、というのです。

※源頼光＝平安中期の武将。清和《せいわ》天皇に発する源氏で、のちに鎌倉幕府を開く武家源氏と近い系統。藤原道長など摂関《せっかん》家に仕えた。摂津《せっつの》国（141頁参照）大江山で夷賊を討伐した。
※藤原保昌＝平安中期の貴族。武勇に秀でて数々の伝説をもつ。道長に仕え、妻は和泉式部《いずみしきぶ》。
※四天王＝仏教で法を護る四神将。転じて四人の実力者をこう呼ぶ。
※独武者＝『大江山』や『土蜘蛛《つちぐも》』に登場する、源頼光の近侍。武勇に秀でるとされるが名前がない。
※強力＝山伏、修験者に従い、旅の荷物を運ぶなど力役をつとめる者。

それに先立ち、酒呑童子は「恨めしや桓武天皇に御請け申し」＝そのとき桓武天皇と俺は約束したよ、と言うのです。「我比叡の山を出でしより、出家には手をささじと、固く誓約《うけい》申せしなり」＝お坊さまには手を出さない、という約束をしたんだと。だから頼光たちが偽装した修験者にも害をなせない。

それで比叡山を捨てて大江山に移り住み、俺たち〝鬼の一族〟は今ここで仲よくやっている、と謡います。この『大江山』という曲、鬼の台詞《せりふ》はすごく不思議で興味深いです。何気なく読んでいると気づかないのですが、伝教大師最澄（大師坊）を「似非人《えせ》」と呼んだり、「俺は桓武天皇と約束したよ」などと言う。普通の民であれば、まるで天皇と対等であるかのような物言いはできないでしょう？

こんなとんでもないことを言う悪者だから退治しないといけない、という設定なのでしょうが、たとえ台詞のうえとはいえこれほどのことを語るわけです。

つまり酒呑童子は、少なくとも桓武天皇と渡り合えるような勢力の、一大有力者だったのです。

大江山が丹波・丹後《たんご》地方※にあるとの説を採りましょう。比叡山の先住民が、延暦寺開発を避けて丹波に逃れ、大江山に住んでいた。そこへ頼光の政府軍が来て討伐された、というわけで、先住民はまた追い出されてゆくわけです。

――なぜ主人公が鬼を退治した頼光ではなく、退治された鬼なのか、少しわかってきた気がします。

源次郎　「童子」などと可愛らしい呼び方をしますし、子ども向け昔話では酒呑み少年みたいにキャラクター化されていますが、じつは先住民の大親分だった。そして時の権力にまつろわなかったから、結局退治されてしまいました。

「えせ人＝気にくわない者」というのには、先住民族から見ると、仏教の力を借りて日本を征服した者、という恨みがあると思います。

もう一つ複雑なのは、京都の仏教である天台宗は、奈良の仏教文化に対して新しくつくられた、新興勢力の権力構造だということです。能楽は奈良の文化を引くものですから、新興勢力への批判もあったかもしれません。

当時の観客には天台宗の高僧も必ずいらしたはずですから、伝教大師最澄のことを仮に舞台の上でも「えせ人」と呼ぶなど滅相もないことです。いくら鬼という悪者、権威に刃向か

※大江山＝丹波・丹後説では現・兵庫県福知山市近傍の標高八三二メートルの大江山。京都と丹波の境の大枝山（現・京都府京都市、亀岡市、標高四八〇メートル）との異説もある。

う無法者の台詞とはいえ……。この悪口を客として聞いている人たちの気持ちはいかほどだったことでしょう。

こんなことを言う悪者は退治されて当然、と思ったか。あるいは逆に、天台の高僧たちに対して「あなたたちはこのように呼ばれていたのですよ、それに気づいてください」という能作者の隠れたメッセージだったかもしれません。

これらの曲が成立したのは室町時代だと思われますが、比叡山延暦寺の勢力が全盛の時代に、京都の権力者たちの前でこれを演じてみせた能楽師というのも面白いな、と思います。

コラム①
能と出合うということ
——エアー鼓《つづみ》のすすめ

能をまだ観始めたばかりの慣れないうちには、〝何を観ている自分がいるのか〟ということに戸惑うと思うんですね。

たとえば、面白いな、と思って面《おもて》ばかり見ている方がいれば、足袋だけ見ている方がいたり。楽器ばかり見ている方がいれば、地謡《じうたい》をじーっと聴いている方がいたり、さまざまな方がいる。ですから私もイベントのトークでは、「今まで気づかなかった自分に出会えます」という言い方をすることもあります。

完全に和の生活をしていた江戸時代は、その和の空間の中に能舞台があって、室町時代や『古事記』などの世界へそのままタイムスリップできていたのです。

今は皆さん洋服を着て能楽堂に入られますよね。そこから、まず能の冒頭で百五十年前の日本にトリップし、さらに物語にのめり込むことで『古事記』や『源氏物語』、平家の時代へ飛ぶという、二重の夢の中に入っていくともいえます。

複式夢幻能《ふくしきむげんのう》(45頁参照)というのは、前場《まえば》で人間が出てきて、後場《のちば》でその本性が顕れるのですが、これはいってみれば、自分の中の表層心理と深層心理に出会ってしまうということです。よく「ワキのお坊さんは客席の代表として出ている」といわれますが、シテが現れて謡《うた》っているのを聴くと、じつは自分の中のAさんとBさんだったりするわけです。それも面白いですね。

アニメ『トムとジェリー』で、「あのチーズ食べてやる」「トムの尻尾をネズミ取りに挟んでやる」などとジェリーが悪いことを思いつくと、天使のジェリーと悪魔のジェリーが出てきて頭の上で闘ったりしますね。能の舞台の上ではそういう世界が実際に進行していきます。表層心理的な部分は天使と悪魔の掛け合いを演じますが、でも実際にはその下の深層にもっと汚いことやもっと高尚なことがあったりする。観る人がそれを読み解けたとき、今まで気がつかなかった自分に出会えると思うのです。

ですから能の場合、人生経験と能の面白さは比例する、といえるほど、観る方の経験値が重要になることもあります。

古典を読み解く素養は、通常中学・高校で触れる古文や歴史程度ですから、何もしないでいると文学的鑑賞眼が広がる機会もなかなかないわけです。面白い面白くないということを感性で感じ取って自分の中で咀嚼《そしやく》するのにも限界がある。

父（十五世宗家・大倉長十郎）は、お稽古のとき「一教えたら十悟《さと》れ」というやり方をしていました。一から先を言わないとダメな者には言っても無駄だ、というような言い方をするのです。一教えたら十わかる者でないとダメ、などと大前提で言われてしまって、ああ僕あかんなあ、と何度も挫折しそうになるわけです。

ですが、あるとき、それを実際にできる人は少ないんだ、と開き直れたのです。能のお稽古と違って巷《ちまた》の学校ならば、十教えてもらって六できたら合格です。八できたら優秀でしょう。価値観が全然違うのです。そこに気づくまではやはり大変でしたが。

この〝価値観が違う〟ことで困る場面もあります。

たとえば、学校の音楽の先生に能楽をお教えする場合。先生方は西洋音楽ご出身ですから、音を追いかけている、一方で私たちは音を出すタイミング、間をはかっているのです。この違いは言葉で説明しても感覚として相手にご理解いただくのは難しい。それをなんとかお伝えしようとしたのが囃子《はやし》のワークショップで取り組んでいる〝エアー鼓《つづみ》〟です。

相手も謎だがこちらも謎、という中で、実際にやるとこうですよ、ということが言葉なしに、そして楽器を使わなくても伝わるわけです。これはすごくよい手段だと思って取り組んでいます。そのような準備運動をきちんとしてからお能をご覧いただくと、西洋音楽の先生方も「音に対する感覚が変わった」とおっしゃってくださいます。

YouTubeなどでお能のさわりをご覧いただくのもよいですが、舞台だけではなしに「エアー鼓の公開稽古」を観て、ご自身でエアー鼓を打ってみてください。そうするとまた違った感じでお能をご覧いただけるのではないでしょうか。そうして、生の舞台、生のお能に触れたいと感じていただければ嬉しいですね。

「エアー鼓を打ってみましょう」

第二章　歴史を動かしたもの――稲作、信仰、戦争

◎能が生まれた「畿内《きない》」とはいかなる場所か

聞き手（以下、――）　観阿弥《かんあみ》が能を大成したのが十四世紀半ば、今から六百五十年前です。それまで奈良の興福寺《こうふくじ》や春日大社《かすがたいしゃ》をスポンサーにしていたのが、足利《あしかが》幕府成立とともに京都に進出したということでしょうか。息子の世阿弥《ぜあみ》が将軍義満《よしみつ》に寵愛《ちょうあい》され、庇護《ひご》されるようになって、能の最初の黄金時代が始まるわけですね。
この頃、大きな歴史の動きはどのような様子だったのでしょうか？

大倉源次郎（以下、源次郎）　奈良から京都にかけては、大きくいえば「畿内《きない》」です。
畿内は古代から日本の権力闘争の中心地でした。芸術である能も、権力の中心地・畿内に生まれました。

なぜ畿内だったのか？

私もまだきちんとまとめきれていないのですが、こんな仮説を考えています。

かつて北海道から、九千年前の漆器《しっき》が発掘されました。縄文時代ですね。一万年近く前から漆《うるし》を使う民族が北海道にいたということです。かつて日本列島の端から端まで、さまざまな先住民族が住んでいたしるしです。

日本というのは結局、南北に長い列島です。南北つまり緯度に相当の振れ幅があります。「日本には四季がある」とひと口に言っても、秋田や青森以北と九州南部ではかなり違うわけです。

雪に閉ざされる冬が長い地方がある一方で、反対に夏が長く亜熱帯のような暮らし方になる地方があります。その中で、中国・四国よりは北、中部・北陸よりも南という地域は夏も冬も長すぎない、はっきりした春夏秋冬がある、という特徴があります。

それが近畿（畿内）を中心とした地域で、気候や地理に絶妙のバランスがあるわけです。ここがポイントだと私は思っています。

かなり単純に考えると、東西南北、四方の民族が畿内にやってきて出会ったとき、いってみれば、自慢くらべや協力ができたわけです。夏の暮らし方は南方文化の人たちが教えてくれ、冬の乗りきり方は北方文化の人たちが知恵を出す、というように。

家屋でいうと、庇《ひさし》を伸ばして、高床《たかゆか》にして、風通しをよくしたら夏涼しいですね。南方文化の知恵です。冬はここに囲炉裏《いろり》を切って、暖房と調理場と燻製《くんせい》＝保存食工場にすれば、暖まりながら家屋の燻蒸《くんじょう》（消毒）や藁《わら》屋根の防水もできる。南方の知恵と北方の知恵が協力し合って、今の日本家屋が完成していくわけです。

朝鮮半島は日本よりずっと緯度が高く冬は全土が寒いですから、床の暖かさを追求したオンドル式で、結局冬中心の家屋を造らなければなりません。沖縄や台湾など南へ行くと、台風に備えて石を積んだ堅牢な建物だったり、壁が少ない高床式の家屋になる。穀物倉庫も高倉で柱にネズミ返しがあったりして、南方式になっていく。このあたりになると二期作や三期作で稲を作れるので、一年中収穫があります。

畿内の四季の変化は、さまざまな地方の出身者がここで協力し合えるという利点があったわけです。自然が与えてくれた恵みですね。

◎食料生産力で歴史は大きく動かされてきた

源次郎　古代の稲作は陸稲《おかぼ》中心だったそうです。あるいは粟《あわ》・稗《ひえ》・豆・麦を加えた五穀です。現代の稲作研究では次から次へと新事実が出てくるので、まだ何とも言えない部分も多いのですが、ここでは思いきって言ってしまいましょう。

昔は大人一人が一年に食べる米の量を一石《いっこく》※、一石がとれる面積を一反《いったん》※としました。とすると、三百人の村なら、三百反の畑が必要になります。ところが実際はこの三倍、つまり九百反の土地が必要だったのです。

陸稲の畑は三年経つと連作障害が起きてくるので、五年休耕して休ませる必要があったからです。世界史で習いましたね、中世ヨーロッパの「三圃《さんぽ》式農業」。冬畑、春畑、休耕地に分けて耕作するあれと似ています。

三圃式のような休耕・輪作は、土地が痩せたり毒が溜まって不毛になるのを防ぐための農法でした。広大な土地が必要で、そこで採れる食料は土地の面積に比して少なくなります。ですから古代は生産力が低かったのです。人びとはこういうことをしながら、厳しい掟《おきて》を守る生活をしてきたわけです。

生産力の低い陸稲に取って代わったのは、水田稲作です。

※一石・一反＝一石は一〇斗＝一〇〇升＝一〇〇〇合なので一八〇リットル。玄米一石は一四〇キロ強。土地一反はおよそ三〇〇坪、九九〇平方メートル。一〇アール弱。近年では品種改良により、一反から二石半を収穫できるようになったと聞きました（源次郎）

それも苗床《なえどこ》や灌漑《かんがい》など何段階もの技術革新を経て発展してきた高度な水田稲作です。連作障害は、同じ土壌で同じ作物を作り続けることによって、特定の養分が足らなくなったり、毒になる物質や塩分が土壌に溜まったり、微生物や線虫など有害な生物が土壌に増えてくることによって起きます。しかし耕作地の表面に水を張る（水田）と、土壌の毒や有害生物が洗い流され、新たな養分が補給されます。毎年毎年同じ土地での耕作が可能になる。土地を三分割して休ませる必要がなくなるので、九百反を毎年使えるようになる、つまり生産力が一気に三倍になることを意味します。

そして水田も初期の荒蒔《ま》き式等は発芽率が低いわけですが、南アジアの高地民族・苗族《ミヤオ》が最新農法の苗床を発明して、発芽率が大きく改善されました。これが日本に入って徐々に広がっていくのが六世紀、五〇〇年代といわれています。けっこう新しい。

◎伝説の渡来人「徐福《じょふく》」と稲作、宗教

――だいぶ昔の話が続いて、なかなか能の時代の話になりませんが、水田稲作と能は何か関係があるのでしょうか？

源次郎　そうなんです。もうじき出てきますから、少し辛抱してお付き合いくださいね。

紀元前二二一年、秦《しん》によって中国が統一されました。このとき、方士《ほうし》※の徐福《じょふく》が始皇帝《しこうてい》に上奏して三千人の童男童女と百工を連れ、五穀の種を携《たずさ》えて東方に船出します。不老不死薬を求めて蓬莱《ほうらい》国を目指したのです。

蓬莱国とは日本のことです。徐福はそうして日本へ来て、富士山を見て驚き、「ここが蓬莱に間違いない」と思った、として話を進めてみたいと思います。

徐福は方士、のちに道士と呼ばれる道教の宗教者でしたが、道教はさまざまな宗教の混淆《こんこう》したものなのです。シルクロードを経て西からやってきた宗教も混じっています。

この頃キリスト教※はまだ成立していませんから、ユダヤ教、ゾロアスター教、仏教などになるでしょうか。徐福と関係していたのは仏教の影響を受けた『旧約聖書』の人びとではな

※方士＝方術士とも。瞑想や気功・煉丹《れんたん》などで不老長寿・羽化登仙《うかとせん》（羽が生え、仙人となって天界にのぼること）を目指す修行者のこと。秦・漢《かん》代に盛んになり、人里離れて神仙になるのを目指す者と、占いや呪術で権力者に仕え、出世を目指す者がいた。のちに道教となり、道士と呼ばれた。
※キリスト教＝〝紀元〟とは「キリスト生誕以後」という意味なので紀元前にはキリスト教はまだない。もちろんキリスト教成立後には日本にも渡来しており、六世紀の渡来人・秦河勝《はたのかわかつ》などは仏教化したキリスト教（景教《けいきょう》）を信仰していたとされる。紀元前の渡来人はユダヤ教、紀元後の渡来人はキリスト教、と分けて考えないと混乱してしまう。

いかと思われます。

伊豆半島の沼津近傍、大瀬崎《おせざき》にある大瀬神社《おせじんじゃ》では、毎年四月四日に催される大瀬祭りという大祭で「勇み踊り」というものを今に伝えています。古くは「馬鹿踊り」と呼ばれた奇祭です。私も二〇一九年一月三十一日に参拝してきました。

大瀬祭りは、ここ伊豆半島にも徐福が漂着した、という伝承に拠《よ》るものです。このあたりには中国から伝来したビャクシンという巨樹が自生しており、天然記念物に指定されています。

徐福渡来伝説は紀伊半島の熊野をはじめ日本のあちらこちらにありますが、その意味するところは、大陸から原初的な稲作が伝わった土地、ということだと思います。

水田稲作は紀元後三世紀には伝わっていたようです。大阪の住吉からジャポニカ原種が発見されています。このあたりにはコマ族※が住んでいました。コマとは高麗《こうらい》のことで、朝鮮半島の高句麗から来た人たちです。あるいはコマ＝駒で、小鼓の皮に使用されている馬を連れてきたのではないかともいわれています。

六～七世紀に在世した聖徳太子《しょうとくたいし》（太子＝皇太子。厩戸皇子《うまやどのおうじ》）は黒駒に乗っていたといいます。

紀元前三世紀に水田稲作が到来し、おそらく馬も大陸から渡来し、その後六世紀、宣化《せんか》天皇三（五三八）年あるいは、欽明《きんめい》天皇（聖徳太子の祖父）十三（五五二）年の頃に仏教が公伝したとされています。

欽明朝に公伝した仏教は百済《くだら》仏教ですから、朝鮮半島ルートです。原初的な水田稲作の渡来は紀元前三世紀の徐福伝説（あるいは紀元前一世紀）の際に大陸からとされますから南ルート。渡来のルートは時代によって民族によって変化するのです。

徐福は、紀伊半島の熊野に上陸し、吉野へとさかのぼって奈良盆地に入ったと考えることもできます。すると、神武《じんむ》天皇東征《とうせい》のコースと非常に似ているわけです。徐福は東シナ海から熊野へ、神武天皇は日向《ひむか》（現・宮崎県）から熊野へと、どちらも西からやってきました。徐福は大陸から台湾を経由して、八重山《やえやま》諸島、琉球弧《りゅうきゅうこ》（九州南部から台湾へ連なる島列。南西諸島弧）に沿って東上したのではないかとの伝説もあります。

「八重」という音はヘブライ語ではヤーエー（ヤハウェ）＝神という意味がある。「那覇《なは》」には同じくナクハ＝ヘブライ語で安息とか安住の地という意味があるのだそうですね。沖縄にはそういう古代の大陸との交通をうかがわせる地名が多く残っています。伊平屋《いへや》島は神武天皇の母の出身地であるとか天岩戸《あまのいわと》伝説なども残るミステリアスな島ですが、イヘヤという音そのものがヤハウェ＝神の語感を思わせます。

徐福は方士でしたが、当時の中国に道教というしっかり確立された宗教があって、その公

※コマ族＝なお、雅楽《ががく》の高麗楽《こまがく》の伝来も三世紀と伝えられており、符合する。

式の伝道者だった、というわけではありません。何らかの強い力をもつ宗教家がいて、それが皇帝の命を受けて、あるいは皇帝の事業として予算を取って、海外に植民をしようとした、と考えるべきではないでしょうか。

紀元前にはまだキリスト教もイスラム教もありません。先にも触れましたゾロアスター教、ユダヤ教、またはそれらが混淆した宗教があったていどでしょう。それらが中国に到達して「道教」と呼ばれたのかもしれません。私は、徐福がそれら西方伝来宗教の系統を引く宗教の伝道者だったのではないか、と考えています。

——朝鮮半島の北ルート、南西諸島の南ルートなどから、それぞれさまざまな人びとが折々に日本に入ってきたということですね。

朝鮮半島では六世紀くらいから百済《くだら》（ひゃくさい）と新羅《しらぎ》が激しく争い、百済は大攻勢に出て一時は新羅を滅ぼしかけたそうですが、斉明《せいめい》天皇六（六六〇）年、日本では天智《てんじ》天皇になる前の中大兄皇子《なかのおおえのおうじ》が権力を握っていた頃ですね、唐《とう》の援軍を得た新羅に逆に滅ぼされてしまいました。日本の派遣軍も白村江《はくすきのえ》（はくそんこう）で敗れています。大陸ではそういう大変動があったのですね。

◎古代の民族・宗教紛争の痕跡《こんせき》——善光寺《ぜんこうじ》と戸隠神社《とがくしじんじゃ》

——渡来人もまたおのおのの戦いを亡命先の日本へ持ってきた、ということはありませんか？　大和《やまと》盆地に入ってきた渡来人たちは、祖国の紛争ももち込んできて、争いを繰り返してきたのでは？

源次郎　そう考えるのが自然でしょう。崇仏《すうぶつ》派と排仏《はいぶつ》派の争いも、宗教戦争であり民族紛争だったといえるでしょう。それを「お前ら、ええかげんにせえよ」と出てきて調停したのが役行者《えんのぎょうじゃ》なのです。

神道派と仏教派の紛争に対して、「神とか仏とか、ええかげん揉めるなよ」「神も仏も一緒やないか」と言って神仏習合《しんぶつしゅうごう》の権現《ごんげん》思想を提唱しました。〝蔵王《ざおう》権現を出現させた〟とはそういうことだと思うのです。

私がお会いした宗教者の方々は皆さん、神仏は元来仲よくやっていた、とおっしゃいます。実際、宗教者同士は仲が良かったのかもしれません。

しかし、仲が悪かったのが権力者、もしくは権力に非常に近い宗教者同士です。彼らは権力を手放したくないから、どうしても揉めてしまうのではないでしょうか。

京都、奈良にはたくさんのお寺さんがあって、昨今は、宗教者の皆さん方が「戦争あかん」など、それぞれよいことをおっしゃっています。けれど昔は、奈良の興福寺、三井寺《みいでら》（滋賀県の園城寺《おんじょうじ》）、比叡山延暦寺《ひえいざんえんりやくじ》などは僧兵を揃えて戦っていました。今でも世界のどこかでおこなわれているような武力闘争をしていたわけです。権力と癒着《ゆちゃく》してしまうと、悲しきかな、どうしてもそういうことになってしまう。

六世紀、やはり騒擾《そうじょう》状態だった大和に聖徳太子が現れます。私は、太子は河内《かわち》を通って大和に来たと思っているのですが、そこでまた戦争をしてしまう。蘇我《そが》・物部《もののべ》戦争です。

結果仏教派の蘇我氏が神道派の物部氏を滅ぼしました。物部側には神道をつかさどる中臣《なかとみ》氏もいました。これがのちに七世紀、乙巳《いっし》の変（大化の改新）で中大兄皇子とともに蘇我入鹿《そがのいるか》を倒した中臣鎌足《なかとみのかまたり》になるわけです。

私は直感的に、天智天皇勢力と天武《てんむ》天皇勢力の戦いをカムフラージュするために、こうした物語がつくられたのではないか、と考えたことがあるのです。

乙巳の変（大化の改新）が皇極《こうぎょく》天皇四（六四五）年、信濃国《しなののくに》（現・長野県、岐阜県の一部）に善光寺《ぜんこうじ》が出来たのはその直前、善光寺公式の縁起《えんぎ》では遷座《せんざ》が皇極天皇元（六四二）年、本堂伽藍《がらん》造営が皇極天皇三（六四四）年です。

善光寺は大和から戦乱に巻き込まれるのを嫌った仏教勢力が信州へ逃げ込んで造られたと

も考えられます（これは善光寺徳行坊《とくぎょうぼう》の若麻績好美《わかおみよしみ》前住職からヒントを頂戴しました）。

奈良の葛城《かつらぎ》には「高天原《たかまがはら》」という史跡があります（葛城市の南の御所《ごせ》市）。高天原というと神々が住まわれている天上の土地ですが、これが地上にあるわけです。しかし、そこにはもう神々はおられません、となると意味が違ってきます。つまり、神々が打ち続く戦乱に「もうこんなん嫌や」とおっしゃって隠れてしまった、ということです。

神々を閉じ込めたのは仏教勢力ですね。仏教勢力が神さまの威力をいったん封じてしまっていたのを、仏教勢力を追い返して取り戻したのが、天岩戸開きではないか、ともいえます。

神功《じんぐう》皇后摂政四十八（二四八）年の卑弥呼《ひみこ》が歿する頃の九州と、推古《すいこ》天皇三十六（六二八）年の大和地方を日蝕《にっしょく》が襲っているのです。天照大神《あまてらすおおみかみ》が隠れた、という伝説に符合する日蝕が幾度かあるわけです。

どれがどれかはわかりませんが、その日蝕のどれかが、岩戸隠れ伝説の原型として、大和の人びとに伝承されたのではないか、という説があるわけです。

それと史実としての、仏教勢力が隠した神さまを改めて取り出した、ということですね。仏教勢力を大和から追い出したのが皇極天皇四年、逃げていった先が信濃、今の善光寺です。そのときすぐ近くに戸隠神社《とがくしじんじゃ》というのができるわけです。

戸隠の〝戸〟というのは、岩戸開きのとき、手力雄神《たぢからおのみこと》が引きはがした岩の扉を地上に投げ落としたものです。飛ばした先が戸隠で、戸隠山そのものが飛来してきた岩戸の扉である、という伝承になっています（『戸《と》隠《がくし》山《さん》顕《けん》光《こう》寺《じ》流《る》記《き》并序』など）。

扉とは何？　ということです。「神さまを隠した扉」ということは、仏教勢力を象徴している言葉ではないでしょうか？　なぜその扉が信濃の山奥まで飛んでいくのでしょうか。「扉」そのものが仏教勢力のことを象徴しているのでは？　と考えれば、戸隠神社ができるのもわかります。

昔は神仏混淆ですから、神社だから仏教勢力ではない、ということではないのです。

信濃にはもう一つ面白い伝説があります。奈良の室生寺《むろうじ》（宇陀市）の娘と、三輪山《みわやま》の三輪神社（桜井市・大神神社《おおみわじんじゃ》）の息子が結婚して、できた子どもが信濃の諏訪大社《すわたいしゃ》になった、という伝説です。面白いでしょう？

室生寺は仏教で、三輪神社は神道ですよね。それが結婚したということは、融合した人たちが奈良から信濃へ行って、諏訪大社という神仏習合の神社を建てた、ということになるわけです。

まさしく、神道と融合できた仏教徒たちが、大和から信濃へ逃れてゆき、神仏習合共同体をつくった、と考えれば伝説がつながります。

――古代の人びとの争いが、神話や開基《かいき》伝説になって残っているのですね。とすると、能の曲の物語に、こうした古い歴史の痕跡《こんせき》が刻まれていることも？

◎『花筐《はながたみ》』――なぜ継体《けいたい》天皇の后《きさき》は「照日前《てるひのまえ》」なのか

源次郎　少し話を戻しましょうか。奈良の桜井市・纒向遺跡《まきむくいせき》の発掘で最古の木製仮面が出てきました。私は、これが翁面《おきなめん》※……仮面文化の源流です、という話をあちらこちらでしています。

当時の奈良はこんなふうに、異なる民族が同じ地域に住んでいた、ということです。徐福伝説は秦の始皇帝の時代ですから紀元前二、三世紀です。伝説の意味は、この頃大陸から日本へ渡来した人たちが縄文の人たちと融合していった、ということでしょう。

そして前にも触れましたように、彼らは古代仏教の影響を受けたユダヤ教徒だった、とも考えることができます。もともとのオリエントのユダヤ教が、インドでバラモン教や古代仏教の影響を受けるといったこともあったでしょう。それらは日本の縄文と出合い、アニミズム的に融合し、比較的穏健に、大和の神仏習合のもとになる古層を形成してきたのではない

※翁面＝能の曲の中でも特別なときにだけ上演される『翁』に使われる、白い老人の面。この曲は『翁』『翁猿楽』『式三番』などとも呼ばれるが、どれも同じ神事藝能を指す。

でしょうか。

ところがそこへ権力と結びつき、武器を持った過激神道勢力や過激仏教勢力の人たちが入ってきて、戦争をし出すわけです。それが三世紀に始まる大和の戦乱ではないかと思うのです。それまで仲よく暮らしていた人たちは、そんな争いはもういいかげんにしてくれ、と大和の地を離れて信濃などへ逃げていったのではないでしょうか。


六世紀はじめ、第二十五代の武烈《ぶれつ》天皇という方がいらっしゃいます。妊婦の腹を裂いて胎児を見た、木に登らせた人を弓で射落としたなどと、面白半分に数々の暴虐をおこなったとされます。〝とんでもない暴君〞ということになっていますが、歴史を書いた側からすると彼を悪者にしなければいけない理由が何かあったのかもしれません。あるいは長く続いた戦乱の象徴かもしれない。

その悪逆非道な武烈帝が跡継ぎを残さずに身罷《みまか》られたので、朝廷を支える豪族たちは天皇家の遠縁にあたる人を探しにいきました。そして越前国《えちぜんのくに》（現・福井県）から男大迹王《おおどのおおきみ》を迎えることになる。第二十六代継体《けいたい》天皇です。そして継体天皇の大和入りを歌った曲が『花筐《はながたみ》』なのです。これも重要な曲です。

纒向遺跡（奈良県桜井市）メクリ地区で出土した日本最古の木製の仮面。長さ26㎝、幅約21.6㎝。（写真：著者蔵）

能の翁面。笑みを浮かべる老人の面。五穀豊穣、所願成就など幸いを寿ぐ翁舞に用いる。
出典：ColBase（https://colbase.nich.go.jp/）

【花筐】あらすじ

越前国《えちぜんのくに》味真野《あじまの》（現・福井県越前市）に住む男大迹《おおあとべ》皇子は武烈天皇の後継に選ばれ、都から迎えの人びとが下ってくる。上洛する朝、皇子は寵愛《ちょうあい》していた照日前《てるひのまえ》（シテ）にあてて玉章《たまずさ》（手紙）と形見の花筐（花籠《はなかご》）を送り、使者（ワキツレ）がそれを届けに来る。照日前はそれらを抱いて寂しく里に帰る。

照日前は皇子を忘れがたく、狂女に身を変じて（後シテ）、侍女（ツレ）とともに都へと向かう。男大迹皇子が即位した継体天皇（子方）の行幸《ぎょうこう》が紅葉見物に通りかかり、その前にまろび出た二人は従者（ワキ）に花籠を打ち落とされ、狂乱する。

天皇は狂女に、漢の武帝《ぶてい》と李《り》夫人の物語を舞わせる。狂女が照日前だと気づいた天皇は、証拠の花籠を確認して、二人を連れて玉穂宮《たまほのみや》へと帰る。

ワキ　いかに狂女。持ちたる花籠を君の御花筐とて渇仰《かつぎょう》するは。そも君とは誰が事を申すぞ。

シテ　事新しき問い事かな。この君ならで日の本に。また異君のましますべきか。

ツレ　我らは女の狂人なれば。知らじと思し召さるるか。かたじけなくもこの君は。応神天皇五代の御孫。過ぎし頃まで北国の。味真野と申す山里に

シテ　男大迹の皇子と申ししが

ツレ　今はこの国玉穂の都に

シテ　継体の君と申すとかや。

源次郎　私は、この継体天皇が当時最先端の水田稲作を大和にもち込んだのではないか、と考えているのです。

というのは、この方が建てた宮の名前が「磐余玉穂宮《いわれのたまほのみや》」なんです。ということはその前は「荒穂宮《あらほのみや》」のはずなんです。

「荒穂」とは発芽率が悪く籾《もみ》つきも少ない稲穂ですね。それに対して、鈴なりのように籾が連なるのが「玉穂」です。名前が伝えるメッセージです。

名前が伝えるメッセージといえば、この曲の主人公「照日前」もそうです。

『花筐』は、継体天皇にお供してきた照日前という女御《にょうご》の物語なんです。名前がなぜ「照る日の前」なのか。女性で「照る日」ですから、天照大神を匂わす言葉でしょう？

継体天皇は現在の天皇家の祖だといわれています。その方が「照日前」をともなって宮に

帰った、というのは「天照大神を祀った」という意味ではないのでしょうか？　もしそうでなかったとしても、何らかの宗教紛争――それは大和と出雲《いずも》との争いだったかもしれません――にいったん終止符を打ち、伊勢神宮を建てて伊勢の神々を祀った、それが継体天皇ということになっているのでは、と思えるのです。

◎継体天皇が大和に入るのに何十年もかかった謎

――能の曲にこれまでの歴史の常識を覆《くつがえ》すようなことが書かれている、ということでしょうか!?　伊勢神宮の起源についても気になります。

源次郎　いえいえ、そんなに突拍子もない話ではないと思います。

私が「大和の地を天照大神＝天皇家＝稲作を中心にまとめ直したのが、玉穂宮を建てた継体天皇」説を採りたいと思うのは、能の曲でそれが謡《うた》われているためだけではありません。もともと伊勢神宮には「元伊勢《もといせ》」という伝承があるからなんです。伊勢神宮が現在の地に納まるまで、伊勢の神さまは遷座を繰り返した、という言い伝えです。

はじめは第十代崇神《すじん》天皇の皇女・豊鍬入姫命《とよすきいりひめのみこと》が神霊を祀るのにふさわしい地を探して遷《うつ》り

ます。まず奈良県桜井市の大神神社、ここが「元伊勢」として名高い場所です。それからさらに遷座を繰り返し、十一代垂仁《すいにん》天皇の皇女・倭姫命《やまとひめのみこと》に引き継ぎます。大和だけでなく、丹波《たんば》・伊賀《いが》（現・三重県）・吉備《きび》（現・岡山県、広島県の一部）あるいは紀伊・近江・美濃《みの》（現・岐阜県南部）・尾張《おわり》（現・愛知県西部）など畿内とその周辺を経巡《へめぐ》ったあげく、現在の三重県伊勢に鎮座《ちんざ》まします、という次第です。

なんとこの間、九十年もかかったといいます。

じつは、継体天皇の大和入りも何十年もかかっているらしいのです。『日本書紀』をもとに計算すると、武烈天皇八（五〇六）年に武烈天皇崩御《ほうぎょ》、翌年に継体天皇践祚《せんそ》（皇位継承）として、大和に入ったのが継体天皇二十（五二六）年。福井を出発してから十九年もかかっています。さらに、いや、大和入りは三十年後だ、という説もあるといいます。「継体征服王朝」という言い方をする人もいます。継体天皇のことを「風を望んで北方より立った豪傑の一人」（古代史学者・直木孝次郎氏）といった表現に触発された人たちでしょうか。各地で戦争をしていたからすぐに入れなかったのだ、という説です。

しかし、そうすると二十年三十年かかったことと矛盾するのです。本当に優れた武器を持っていて、強い軍事力があったなら三十年もかからないはずですよね。

継体天皇は天皇家の血統としては出自がごく遠いお方です。応神《おうじん》天皇の五世の孫、ということは百年ほど前に分かれていて、跡継ぎ候補として名前が挙がった時点ではほとんど縁がないのも同然です。

ですが継体天皇を悪く書いた記録は見あたりません。歴史にあまり悪く書かれていないのは、やはり戦争などそれほどしていないからではないでしょうか。

私は、継体天皇とその勢力は、最新式の水田稲作を各地で実行しながら移動したため、これほど時間がかかったのではないか、と推測しています。

先にも述べましたが、水田稲作は陸稲栽培と違って連作障害が起きない、同じ面積の田畑でもより大勢の人間を養える優秀な農法です。陸稲は三年で連作障害が起きますが、水田だと起こらない。しかし、水田というのは複雑なインフラストラクチャーなのです。

平坦な土地を開鑿《かいさく》して、用水を確保して、畦《あぜ》を積んで、水がスムーズに流れるよう高さを調節して、と大変に高度な土木知識が必要です。一年ていどではこれらの設備をととのえることはできないでしょう。おそらく、短くて三年、あるいは連作障害が起こらないことを実証するのに五年ほどの時間がかかったでしょう。

そうして一か所一か所、旧式の陸稲畑を水田に改良し、用水路を開拓しながら、各地に近代稲作を根づかせてきたのではないでしょうか。

伊勢神宮が「元伊勢」の各地を経巡ったように、継体天皇も稲作を改良しながら越前から丹波へ、丹波から播磨《はりま》（現・兵庫県南西部）へ、そして畿内へと、要所要所をゆっくりと回りながら大和へ入ってきた。ですからこれほど時間がかかったのではないでしょうか。

そして桜井の磐余に構えた宮が「玉穂宮」です。当時最先端の水田稲作発祥の地、という意味が込められているように思えてなりません。

大阪の住吉で三世紀のジャポニカ米原種が出土したと述べました。それまでは陸稲、または雑穀つまり四穀（粟・稗・豆・麦）の時代だったのではないか。それがついに玉のような白いお米の時代になっていくのです。

――継体天皇の正妻たる皇后は先代武烈天皇の姉・手白香皇女《たしらかのひめみこ》（皇女《おうじょ》とも。以下同）ですね。『古事記』『日本書紀』ではこの方が出産された欽明《きんめい》天皇が古代の天皇家を確立し、今日の皇室までつながる直接の祖先となった、ということになっています。

継体帝には越前時代に多くの后《きさき》がいて、実子（安閑《あんかん》天皇、宣化天皇）もいましたが、その血筋は絶えて歴史からも消えてしまいました。

源次郎　しかし、能の『花筐』では、越前時代の寵姫《ちょうき》「照日前」を玉穂宮に連れ帰った、と謡われてます。それが能楽師によって綿々と謡い継がれてきたわけです。

『花筐』には、継体天皇に関するさまざまなメッセージが書き込まれているのではないでしょうか。そして、大和に天照大御神をもち込み、水田稲作というイノベーションをもたらしたのも継体天皇なのでは――。

ちなみに、これまで六十二回式年遷宮《しきねんせんぐう》をおこなってきた伊勢神宮ですが、約三百年の空白があったと伝えられます。

伊勢神宮が確立されたのが五、六世紀頃ですから、創建から現在までに約千五百年の時間を経ています。が、遷宮の回数は六十二回。二十年×六十回で約千二百年ですね。遷宮をやっていなかった時期が三百年あることになります。

また、ちょうど継体天皇の時代、今の伊勢には伊勢神宮はありませんでした。男大迹皇子は味真野でいったいどこを遥拝《ようはい》されていたのでしょう?

◎大和国の人口増加を支えたイノベーション

――一つの謎が解けたように思っても、新しい謎が次から次に出てきますね。

源次郎 『ダ・ヴィンチ・コード』※の向こうを張るつもりはありませんが、観阿弥コード、世阿弥コードというか、大和の能楽師であった彼らが何を伝えたかったか、私はそれを能から読み解いていきたいのです。

その視座で継体天皇を謡った『花筐』、天武天皇を謡った『国栖』を見ていくと、すっとつながるものがあるのです。

天智天皇七（六六八）年に天智天皇が即位します。天武天皇元（六七二）年に天智天皇が崩御し、壬申《じんしん》の乱が起きて天武天皇が内乱を平らげます。この四年のあいだに『国栖』の事件があるわけですね。

『国栖』の項で見たように、この頃から神仏習合の原型が完成していきます。その後、文武《もんむ》天皇三（六九九）年に役行者は伊豆に流されたりしているのですが、これもまたさまざまな勢力争いがあったということでしょう。権現思想に権力が集まりすぎたのを嫌った人がきっといるのだと思います。

先述の通り、大和を中心とした地方は畿内と呼ばれます。「畿」は中国の漢字の原義だと、王城の周辺を指す、まあだいたい〝首都圏〟といった意味だそうです。

しかし日本の私たちが見ると、「近畿」の畿は〝幾つもの田んぼ〟とも思えます。

※『ダ・ヴィンチ・コード』＝ダン・ブラウン著の世界的ベストセラー。レオナルド・ダ・ヴィンチの作品にキリスト教の謎を解く鍵が隠されている、という歴史推理小説。

壬申の乱から平城京遷都の和銅三（七一〇）年の約四十年間に水田稲作が広まって、人口増加率三倍まで生産力が耐えられるようになりました。それまでたとえば十万人だった人口が、三十万人まで増えることになるわけです。

——四十年間というと、若い人たちが育って労働力となり、次の世代を産んで育てるのに十分な時間ですね。

当時の平均寿命は四十歳、五十歳だと聞きました。聖徳太子の享年も四十九、あれほどの貴人でも五十歳前に亡くなっているのですね。

そのような時代ですから、反対に出生率はすごく高いそうです。二、三十年の時間があれば、人口増加が起きて、総人口が三倍に膨れ上がるのも自然かもしれません。

源次郎　平城京遷都のおりは、大内裏《だいだいり》（平城宮）と貴族の邸宅、人びとが住む市街地に加え、東側に突き出た外京《げきょう》に寺社がたくさん造られました。今、奈良市の郊外に国営平城宮跡歴史公園が出来て、大極殿や朱雀《すざく》門など平城宮のごく一部が国の事業で復元されています。国家予算で二百億円以上かけたといいますが、まだ復元は途中です。現代の機械技術、ブルドーザーやクレーンなどの重機、トラックを使っても、です。

それを当時の人は人力だけで完成させたんです。一説には延べ三十万人の労力がかかったといいますから、それだけの数の壮丁《そうてい》（働き盛りの男性）がいた、ということでしょう。平城京の東、若草山の麓《ふもと》に至る外京には、興福寺（和銅三・七一〇年）、東大寺《とうだいじ》（天平勝宝四・七五二年）、のちに春日大社（神護景雲二・七六八年）などが次々とできて、人の住処《すみか》と仏さま神さまの住処とが仲よく建っていったわけです。

そのときすでに興福寺は修験道《しゅげんどう》の総本山になっています。今の常識では、真言《しんごん》系の修験道である当山派の拠点は吉野の金峯山《きんぷせん》、天台系の本山派は熊野三山といわれます。しかし当時はそうではなくて、興福寺がまっ先に神仏習合をやっているんです。

興福寺は先にも触れましたように法相宗《ほっそう》です。法相宗は唐の玄奘三蔵《げんじょうさんぞう》の唯識論《ゆいしき》を始まりとする、非常に思弁的・哲学的な宗派です。いわゆる藤原家のエリートのような寺院といってもいいでしょう。

——それなのになぜ、興福寺は法相宗だけでなく、山岳宗教やアニミズムの性格が濃い修験道を奉じたのでしょうか。

源次郎　興福寺は藤原氏の氏寺《うじでら》ですし、春日大社は藤原氏の氏神といっていいでしょう。神仏の力をバランスよくすることで自らの権力を強化できたのでしょう。藤原氏は仏教の勢力を利用したでしょうし、あわせて地場の信仰や修験の勢力とも融和させようとしたのではないでしょうか。

◎日本の言葉と文字の基礎が定まった和銅三年

源次郎　こう考えていくと、やはり和銅三（七一〇）年の平城京開闢《かいびゃく》というのは、日本の国造りにおいてじつに重大な意味があったんですね。

大変なことをなしとげた、アジアの奇跡だ、として書かれたのが『古事記』でしょう。『古事記』は和銅五（七一二）年に完成したそうですが、そのずっと前に天武天皇が稗田阿礼《ひえだのあれ》※に命じて歴史を暗誦《あんしょう》させていたからできた、天武天皇の発願《ほつがん》による歴史書なのです。

あるところの勉強会でこうした話をしまして、和銅三年に日本の形が出来ました、これを『古事記』として残しましょう、と言ったとき、一つ気づいたことがありました。

稗田阿礼と太安万侶《おおのやすまろ》※はどんなことに困ったかというと、「書き残すのに工夫しなければならなかった」、つまり「自分たちの言葉を書き残す方法に困った」と言っているのです。

これをどう解釈しますか？　と言ったときに、参加者の皆さんはそんなことは考えもしなかった、と。何か神代《かみよ》、上代《じょうだい》の話が書いてあるから、神代の頃には文字がなくて、つくった、という話と混同してしまっているわけです。

『古事記』というと、古いことを書いてある、とついつい思ってしまうからなのですね。

〈『古事記』序文より抜粋〉

然、上古之時、言意並朴、敷文構句、於字即難。已因訓述者、詞不逮心、全以音連者、事趣更長。是以今、或一句之中、交用音訓、或一事之内、全以訓録

(然《しか》れども、上古《かみつよ》の時は、言《こと》と意《こころ》と並《ならび》に朴《すなお》にして、文を敷き句を構うること、字《かな》に於《おき》ては即ち難し。已《すで》に訓《よみ》に因《よ》りて述べたる者《は》、詞《ことば》心に逮《およば》ず、まったく音を以《も》ちて連ねたる者《は》、事の趣《おもむ》き更に長し。是《これ》を以《も》ちて、今、或《ある》いは一句の中に、音《こえ》と訓を交え用い、或いは一事の内に、まったく訓を以ちて録《しる》しぬ)

大意:昔の言葉は飾り気がなく素朴だった。しかし、これを文章にして漢字で書き記すの

※稗田阿礼=天武天皇・元明《げんめい》天皇の舎人《とねり》(警備・雑務係)で、すぐれた記憶力で『帝紀《ていき》』『旧辞《きゅうじ》』などを暗誦していたとされる。姓《かばね》が記録にないので貴族ではないと思われる。非実在説もある。

※太安万侶=元明天皇に命じられ、稗田阿礼の誦習する古記録を筆録して『古事記』を編んだとされる。貴族で「朝臣《あそん》(あそみ)」の姓を持つ。

は大変である。漢字の訓で書くと言葉の意味が違ってくるし、漢字の音で書くと文章がむやみに長くなってしまう。そこで、ある文は音と訓を交えて書き、またある文はすべて訓を用いて記した。

源次郎　和銅三年に大和として国が出来たけれど、大和の言葉として書き記す文字がない、ということだったのではないでしょうか。

大和の共通言語はあるけれど、まだそれは口述だけの段階で、大和の国として結束した民族の言語としては書き記すことができない。これをなんとか言語表記として完成させないとダメだよね、ということで生み出されたのが万葉仮名《まんようがな》なのでしょう。

そして、これからは万葉仮名に則《のっと》った日本語をつくらないといけない。それでは皆で何をしましょう、となっておこなったのが歌を詠《よ》むということです。

『古事記』には、須佐之男命《すさのおのみこと》※（素戔嗚尊）が「八雲《やくも》立つ　出雲八重垣　妻ごみ※に　八重垣作る　その八重垣を」と詠んで三十一《みそひと》文字に定めました、それからさまざまな人が歌を詠むようになった、とあります。『万葉集』には額田王《ぬかたのおおきみ》※が言問《ことどい》※をした、といったことが残っています。

八世紀はじめの数十年は、国家としての大和国がまとまる、それと同時に国の言葉と文字の基礎が定まるという、一番スリリングな時期だったのです。

　日本という国の形が生まれて、まだ千三百年しか経っていないのですよ。

——とはいえ、やはり古い国です。千三百年の歴史がある国は世界でもそうありませんもの。ですが、日本には少なくとも二千年ほどの歴史があると思っていたので、意外に若いともいえますね。

◎国造りの労苦を舞台芸術として残した大和の能楽師

源次郎　よくわからなくなってきたでしょう？　でもそれでいいのです。歴史にはさまざまな顔

※須佐之男命＝伊邪那岐命《いざなぎのみこと》が黄泉国《よみの》（死者の世界）から生還して生んだ三貴神の一つ（他は天照大神・月読《つくよみの》命《みこと》）。狼藉で高天原を追放され、出雲へ降って八俣遠呂智《やまたのおろち》を退治するなど、大活躍する。暴風雨の神、海原の神、荒ぶる神といった説がある。
※妻ごみ＝妻を籠《こ》もらせるために。一説に夫婦ともに。謡曲本では「妻ごめ」と記されている。
※額田王＝飛鳥時代の皇族で万葉を代表する歌人。天武天皇の后の一人だが天智天皇とのロマンス伝説もある。
※言問＝ものを言う、語りかけることが転じて、求愛する、尋ねる、手紙などの便りをする、訪ねるといった意味に。

があって、きれいに割りきれるわけではないですから。

もちろん日本という国は古くからずっとつながっているわけです。ですが、アジアという広い世界でほかの国々と付き合いはじめた頃、多くの移民を受け入れつつ、ここで一回きちんとまとめよう、なんとかしよう、と話し合った人たちがいて、和銅五（七一二）年に『古事記』が編まれたわけです。

皆で歌を詠《うた》って、きれいな言葉をつくろう、と始まったのが歌詠みで、『万葉集』が編まれました。

それから平安時代に勅撰《ちょくせん》和歌集の『古今集』、鎌倉時代の『新古今集』……と現在の宮中《きゅうちゅう》歌会始《うたかいはじめ》にまでつながってくるわけです。まさに伝統文化の真柱《しんばしら》だと思います。

この千三百年の歴史は重いですね。宮中を中心に美しい言葉をつくり続けるという大事業をいまだにやっているわけですから。これこそ、日本が残すべき、誇るべき文化の一番の中心です。

それを教育学者や社会学者は指摘しませんね。おかしいと思います。

ちょっと話が横道にそれました。元に戻りましょう。

『古事記』が完成して、うまくいきました。そして次はこれを外国に知らせよう、ということで編まれたのが『日本書紀』と考えることができるのではないでしょうか。

――『日本書紀』は、養老四（七二〇）年成立ですが、当時のアジア共通言語である漢文で書かれた歴史書だそうですね。また、形式も世界の歴史書の標準である編年体《へんねんたい》だとか。その後の日本で編まれた国史『続日本紀《しょくにほんぎ》』『日本後紀《にほんこうき》』などは基本は編年体※ながら紀伝体《きでんたい》※のミックスで書かれており、国史体という独自の形式だとか。『日本書紀』だけが完全な編年体なのはなぜでしょう？

源次郎　編年体というだけでなく、主に古代漢文で書かれているんですよ。そうするとアジア一円の人びとが読めるわけです。

これを読んだ琉球王国をはじめ、北京、ベトナムあたりのアジアの王朝は、「日本の国造りは成功したんだな」と認識したのではないでしょうか。そして朝貢使《ちょうこうし》・冊封使《さくほうし》※が往き来する

※編年体＝出来事の起きた順に年月を追って書く、歴史書の形式。
※紀伝体＝王や諸侯、有力な人物の伝記を中心にした、アンソロジーのような歴史書の形式。帝王の伝記が本紀《ほんぎ》、諸侯の家の記録が世家《せいか》、特定の人物伝が列伝《れつでん》。東アジア特有の形式。
※朝貢使・冊封使＝中国の歴代王朝へ周辺諸国が貢物《みつぎ》を献上する形式で貿易をおこない（朝貢）、周辺諸国を形式的に属国とする（冊封）外交秩序において両者が派遣した使節団。

時代が来るわけです。遣唐使《けんとうし》が派遣されるようになるのです。

こうした国造りの労苦を先行芸術が舞台化し始め、それが形になるまで、この後三百年です。国造りの労苦を物語にして、歌と舞で残そうとしたのが、観阿弥や世阿弥より前の大和の藝能者たちです。

当時の能（藝能者）は後世のように武士階級の保護を受けていたわけではありませんから、生きるために日本全国へ興行をしながら散ってゆきます。ですから物語が日本全国に広がるわけです。さらに、旅した先の土地の物語を聞いた藝能者たちが、こんどは全国の物語をもって大和に戻ってくる。さまざまな交流があって、数多くの物語が育っていったのです。そうして能楽という藝能に大成するのが十二、三世紀、というわけですね。

コラム② 能楽師が能楽を伝える意味

『大成版《たいせいばん》　観世流謡曲全集《かんぜりゅうようきょく》』という小さな本があります。お弁当箱ほどの小さなサイズですが、薄い紙で二千五百ページ以上あり、二百番もの曲が収録されています。

発行しているのは京都で開業した檜《ひのき》書店（現在は東京・千代田区）。江戸時代の中頃から謡本《うたいぼん》を出版していた山本長兵衛《やまもとちょうべえ》の流れを汲《く》む、老舗《しにせ》中の老舗です。この本は江戸時代からある謡本を大変コンパクトにまとめたものです。

各流ごとにこういったものがあります。私たちもお稽古のときには何度も何度も繰り返し頁をめくりながら読みます。家蔵本はもうヨレヨレです。ヨレヨレになるまで調べて、毎回舞台をつとめています。

これらの本に収録されているのが〝現行曲《げんこうきょく》〟ということになります。

観世流ですと『百番集』『続百番集』の合本として二百曲収録されていることになっていますが、実際に数えてみますと謡が二百十曲、さらに番外として乱曲《らんぎょく》が三十曲、さらに神歌《かみうた》（翁《おきな》）のバリエーションなどがあって全部で何曲なのか、なかなか数えづらい。大まかに二百数十曲、というところでしょう。乱曲などはもう能としては上演しておらず、謡物としてだけ残っています。

お能の曲はこれまでに二千曲から三千曲が書かれたといいますが、今も演能されるのがこの二百数十曲なのです。生き残っている作品は一割ほど、ということですね。

多い流儀では二百数十曲、少ない流儀では百六十数曲といわれています。しかし廃曲を復曲して上演したり、新作能も次々書かれていますから、「お能のレパートリーはこれだけ」と断言するのは難しいのです。

江戸時代には、これらの曲を、どれほど演じられるかが、私たち能楽師の仕事でした。

昔の能楽師の家では跡継ぎになる子に「子どものうちに全曲覚えなさい」と、これらを暗《あん》誦《しょう》するように、半ば強制的に〝調教〟したともいえます。今考えると大変なことです。

ですから「能楽を趣味にしていると長生きする」と能楽の効用のようなことがいわれますが、重い責任をもたされた主要な役者さんにはじつは短命な方が多かったのです。頭と体を酷使したせいでしょうか。この数をすべて間違えないで謡《うた》えるかというと……人間わざではないでしょう?

これが仕事としてよくも七百年近く続いたものだな、と思います。家業として幕府から認められ、大名たちから給料をもらってきたとはいえ、怖い話です。

もしも「家元を継ぐなら現行曲を全部打てるようにしておけ」と最初に言われたら、私なら逃げ出しましたよ（笑）。

すぐに打て、と言われて打てるのは実際二、三十曲ていどのものでしょうか。ほかの曲は、流儀の違い、心得事の確認などを含め、役がついたところで演能の日まで何か月もかけてさらって、間違えないように覚えるわけです。それが精一杯です。

同じ曲でも五流で少しずつ違いますから、二十曲を五通りに打ち分けるとしたら百通りですよ！　二百曲なら千通りになってしまいます。

ですから江戸時代に式楽《しきがく》（171頁参照）になっていたあいだの能楽師のプレッシャーとい

うのはすごかったことと思います。

「座付き制度」といって、囃子《はやし》方は五流のシテ方の一つにそれぞれ専属する、ということになっていましたが、それでも少なくて百六十ほどの曲を十五、六歳の元服までにすべてマスターしなければならなかったのです。

もっとも実際には、二百曲を「内・外・別」と分けて、すぐにできるようにしておく曲、一週間ほどの猶予《ゆうよ》がある曲、ひと月の猶予がある曲、というように分類していました。それらでローテーションを組んで稽古をしていたのですね。

逆にいうと、生まれたときからやることは決まっていて、英才教育の中でもこれを最優先したわけです。脇目も振らずに曲の習得に邁進《まいしん》し続けられたわけですから、ある意味、当時の人は幸せだったかもしれない。エリートの高僧が少年僧のうちにお経を諳《そら》んじるように、中国の科挙《かきょ》の受験生が四書五経《ししょごきょう》を諳んじるように。

昔の人は徹底的な詰め込み型みだったわけですが、基礎レベルがじつに高かったのだと思います。

それに対して「もう勘弁して！」と悲鳴を上げた人たちが革命を起こしてきた、ともいえます（笑）。明治維新にしても、江戸時代に積み上げてきた高度な文化・社会を伝えるのがあまりにも大変になったから、いったん潰して新時代を用意した、などという意味があったかもしれませんね……。

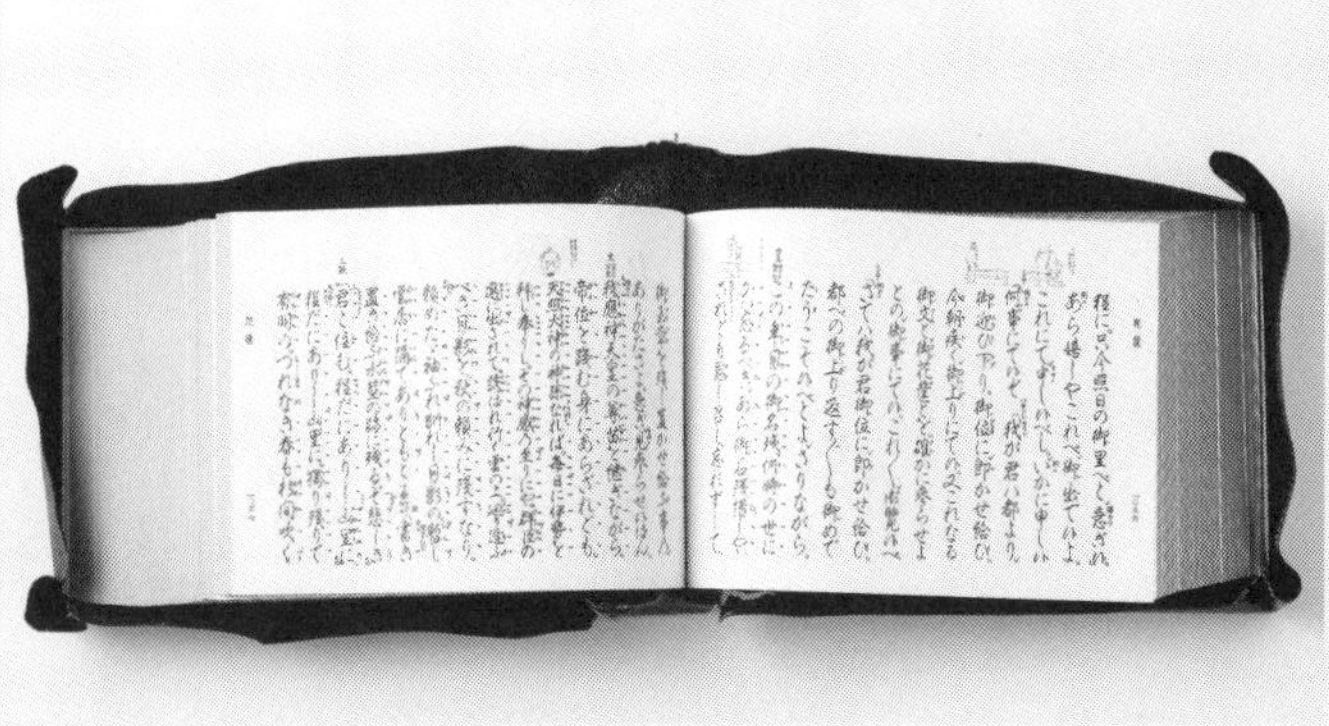

『大成版　観世流謡曲全集』（檜書店刊）。現行曲約二百数十曲が収録されている。

第三章　能の謎の中心——翁《おきな》と秦《はた》氏

◎「翁面《おきなめん》」が各地の神社でご神体になっている謎

聞き手（以下、——）　大昔の能楽師たちが日本の各地からもち帰った物語は、どのように能の曲になり、今に伝えられたのでしょうか。その代表的なものは？

大倉源次郎（以下、源次郎）　一番に挙げるなら、『翁《おきな》』でしょう。

能の中でも『翁』は特別な曲です。じつは「能にして能にあらず」と言い伝えられていて、ほかの曲のようなストーリーがありません。詞章《ししょう》も「とうとうたらりたらりら」※という謎の呪文のような言葉から始まります。

もう一つ、『翁』の舞台では、能役者はほかの曲のように面をつけた姿で登場するのではなく、直面（素顔）で登場し、舞台上で面箱から翁の面を取り出して、お客さまの前でつけるのです。

それほど一種独特な曲であるにもかかわらず、やはり『翁』は能を代表する重要な曲なのです。

『翁』の舞いは天地開闢《てんちかいびゃく》、天孫降臨《てんそんこうりん》、ビッグバンといった宇宙の出来事を象徴的に表している、とされます。すべての能が演じられる前に一番はじめに演じること、あるいは新しい舞台をはじめて使うとき、正月などの節目に上演する特別な「始まり」の曲です。

『翁』の曲構成は、各地の祭礼に見られる翁舞、翁藝能のパターンと共通しているといわれます。能の『翁』に関してもほかの曲とは分けて、特別に「翁藝能」と呼びます。

老いて神仏の境地に近づき、にこやかに微笑む老人は、近未来の象徴といえます。その老人が舞台上で「天下泰平《てんかたいへい》、国土安穏《こくどあんのん》」を祈願し、この〝所《ところ》〟（場所）に集まった人たちを祝福する、あるいは鎮魂《ちんこん》する。こうした構造を「予祝藝能《よしゆくげいのう》※」といいます。

能の古い古い形が今も生きている、いわば古典中の古典のような曲なのです。

始まりの頃の能楽師が、各地で、春の田植えや秋の収穫などの節目で演じたのがこの『翁』と各種の「藝能」だったことでしょう。

古代の、陸稲《おかぼ》や旧式の水田をもっていた人たちが、継体《けいたい》天皇に象徴される人びとがもち込んだ近代的な水田稲作を採り入れます。大勢の人たちとの協力・協働がどんどん広がっていく。全国に稲荷《いなり》神社が次々と建てられ、広がっていきます。稲荷とは稲に代表される穀物の神、農耕神です。稲荷神社、春日大社《かすがたいしゃ》の末社として春日神社も広がっていく。春日大社は藤原氏の氏神《うじがみ》です。稲荷神社、八幡《はちまん》さまも広がる。八幡神《やはたのかみ》は今は武運の神さまとされますが、誉田別命《ほんだわけのみこと》つまり第十五代応神《おうじん》天皇のことだそうです。継体天皇の十一代前のご先祖で、この方の在世中に渡来した秦《はた》氏の氏神とも伝えられています。

　これらの神社が末社として全国に広がっていきます。

最初、そのご神体は岩や巨木のような依《よ》り代《しろ》だったと思うのですが、だんだんと変わっていきました。たとえば丹波《たんば》地方では翁面をご神体とする神社が多いのです。ほかにも翁面をご神体にする神社は多々あると思います。

　おそらく翁藝能の発生と伝播《でんぱ》にともなって、翁面がご神体となっていったのでしょう。仏教が東大寺から国分寺《こくぶんじ》として全国に広がったように、寺社仏閣が協力して広げる全国ネット

※「とうとうたらり……」＝雅楽の演目『振鉾《えんぶ》』の大太鼓と笛の唱歌《しょうが》（演奏法）、あるいはアジアから伝搬した歌などが取り入れられたなど、さまざまな説がある。

※予祝藝能＝伝統芸能のうち、春の訪れを祝ったり、農事がうまくいくよう祈願するもの。あらかじめ祝福することでそれが実現するよう祈る。鳥追《とりおい》、田植踊《たうえおどり》、千秋万歳《せんずまんざい》などがある。反対に、災いを防ぐ、厄《やく》を払うなど除災藝能という分類もある。

ワークと、翁面の伝播ルートは完全に一致するのです。

これらの変化がいつの時代に起きたかを調べれば、もっとスリリングな日本の歴史がわかるのではないでしょうか。

◎水田稲作と切っても切れない〝在原《ありわら》〟『伊勢物語』

源次郎　翁藝能を稲作とともに広めたのは、在原《ありわら》氏ではないかと私は考えているんです。平安時代前期の頃でしょうか。

――平安時代の前期、承和《じょうわ》（八三四〜八四八）や貞観《じょうがん》（八五九〜八七七）年間は、九州から奥州（現・東北地方）まで、藤原家が全国に勢力を伸ばした時代だそうですね。京都から九州・奥州へということは、貴族制度を支える荘園文化が各地で起こった天変地異などをきっかけに全国に広がったともいえるかもしれません。

承和の変※では大伴《おおとも》氏・橘《たちばな》氏などの名家が追い落とされ、いよいよ藤原氏の権力が強くなっていきます。

源次郎　荘園制度の普及とともに、おそらく水田稲作も改良されていくと思うのですが、より進んだ水田稲作とともに翁面も広がっていったのではないか、と思います。

　翁藝能は、能の曲の中でもとくに古式を伝えています。そこに、三人の翁の一人として「稲積翁《いなつみの》※」という人物が出てきます。あとの二人は「世継翁《よつぎの》※」と「父尉《ちちのじょう》※」です。（世阿弥《ぜあみ》『風姿花伝《ふうしかでん》※』より）

※承和の変＝第五十二代嵯峨《さが》天皇は退位後、上皇として長く朝廷を支配し、政治は安定したが、嵯峨上皇が病に伏すと後継争いが起きた。承和九（八四二）年、皇太子・恒貞《つねさだ》親王に命の危険があると見た伴健岑《とものこわみね》と橘逸勢《たちばなのはやなり》は皇太子を東国に移そうとするが失敗、伴（大伴）・橘氏と藤原氏傍流は処分され、藤原良房《ふじわらのよしふさ》の権力が確立した。

※稲積翁＝「稲経翁」とも。白い翁面「白式尉《はくしきじょう》」をつけて舞う。稲積とは、収穫した稲束を積み上げたさま。

※世継翁＝「代径翁《よなつみの》」とも。代径とは米を積んだ状態ともいう。黒い翁面「黒式尉《こくしきじょう》」をつける。三番目に舞う翁、という意味で「三番猿楽《さるがく》」「三番叟《さんばそう》」とも呼ばれる（205頁参照）。

※父尉＝『翁』の特殊演出『父尉延命冠者《えんめいかじゃ》』に名が見られるが、現在ではあまり演じられない。息子である延命冠者と並んで祝言を述べ、祝舞を舞う。

※『風姿花伝』＝世阿弥こと秦元清《はたのもときよ》（正平《しょうへい》十八／貞治《じょうち》二・一三六三年？～嘉吉《かきつ》三・一四四三年？）が残した能の理論書。能の修業法、心得、歴史、美学、演技、演出論。「幽玄」「花」「物真似」などの表現の初出とされる。明治になって寳山寺文庫から発見され、歴史地理学者の吉田東伍（元治《げんじ》元・一八六四年～大正七・一九一八年）が「花伝書」と命名し近代能楽研究の始まりとなった。

翁というのは老年男性への尊称になっている通り、老人、大変に年をとった男性のことです。

稲積翁は、長年の経験と知恵で稲作を完成させる、ということの象徴ではないでしょうか。一人の人間ではなく、何世代もの人間が長老や先達の知見をもとに稲作を工夫し、それが成功する、という意味ではないかと。

米作り、稲作というのは大変な農作業です。今は水田といえば平野部に広がっているから、昔から平らな平野に田んぼを作っていたかのように思いがちですが、先にも触れたように、じつは平野にまんべんなく水を引くというのは大変な高等技術なのです。

ちなみに、古墳というのは平野部に水田を広げたときに出た残土を積み上げて作った、という説を最近知りました。なるほど、たしかにどちらも相当の土木技術がないと作れませんからね。

――治水・灌漑《かんがい》というのは、エジプトやチグリス・ユーフラテスの古代オリエントでも、中国でも、一大難事業だった、と聞きます。中国の伝説の王朝「夏《か》」の禹《う》王※は治水をした水神だったそうですし、社会学者カール・ウィットフォーゲル※は、治水事業が東洋・オリエント的専制政治の根幹だった、と言っているとか。

西日本に多い弘法大師《こうぼうだいし》の伝説※も、ほとんどが「ここに大師さまが溜め池を作った」「大師さまが錫杖《しゃくじょう》を突いたら水が湧《わ》いた」といった灌漑に関する伝承です。

源次郎　広い平野部に水を導いて田んぼに水を満たす、というのが高等技術なのです。少しでも変な傾斜があってはダメですから。

反対に大昔の水田は登呂《とろ》遺跡のように沼沢《しょうたく》地に籾《もみ》を直蒔《じかま》きする形でした（これを沼田《しょうでん》といいます）。あるいは水田ではなく畑で陸稲を作りました。

沼沢地は発芽や結実の歩留《ぶ》まりも悪く、干ばつや水害でも被害が大きくなります。畑は、先にもいいましたが連作障害がつきものです。

※夏の禹王＝夏は中国最古の王朝とされ、「殷《いん》（王朝名は商《しょう》）」の前にあたる。禹王は夏の創始者で、黄河を治水したとされる。水神として崇《あが》められる。

※カール・ウィットフォーゲル＝ドイツ系米国人の社会学・歴史学者（一八九六年〜一九八八年）。フランクフルト学派の一人で、中国を中心にした東洋史を専攻。四大文明がすべて河川の流域にあり、水利と灌漑がなされたことを「水力社会」と名付けた。主著は『東洋的専制主義』。

※弘法大師の伝説＝高野山真言《こうやさんしんごん》宗の開祖・空海《くうかい》には諸国を遍歴した伝説があり、多くの寺院を建立し、仏像を刻み、伊豆・修善寺などの温泉を発見したとされる。

また平野部には塩害があります。もともと日本の平野部はかつて海だったところが干潟《ひがた》になり陸地になったところが大半で、災害時には高潮や津波が襲います。今なら塩類抵抗性の強いキャベツやカボチャが甘く美味しく出来ますが、稲作には向かない。だから平野部は畑として利用するほうが多かった。

では最初の水田は、というと、主に棚田《たなだ》だったのです。

――先ほど少し触れました承和の変ですが、それに関係した皇族で、先生のお話に大いに関係してくるのが阿保《あぼ》親王※ですよね。

阿保親王は、薬子《くすこ》の変※（弘仁《こうにん》元・八一〇年）で父帝や弟とともに失脚し、太宰権帥《だざいごんのそち》に左遷されました。つまり皇統のメインラインから一度はずれてしまったということですね。そのためのちに許され帰京しても、息子の行平《ゆきひら》や業平《なりひら》を臣籍降下させてしまいます。二人は在原姓の朝臣《ちょうしん》になりました。

五十一歳のとき、のちに承和の変と呼ばれるクーデターが計画されます。叛乱側から謀議をもちかけられますが、阿保親王は思いとどまり、檀林《だんりん》皇太后に陰謀を上告、それを伝え聞いた仁明《にんみょう》天皇※の命により、橘逸勢や伴健岑などの実力者が失脚し、藤原家内の政敵も排除した藤原良房が第一人者として権力を確立しました。

阿保親王は承和の変が未遂に終わった年の暮れに亡くなってしまいますが、息子の行平・業平たちは歌人として大成し朝廷でも出世します。とくに業平は『伊勢物語』の主人公「昔男《むかしおとこ》」として時代を超えて愛されていますね。

源次郎　阿保親王の墓は兵庫県の芦屋市にあります（翠《みどり》ケ丘《おか》・阿保親王塚）。摂津国《せっつのくに》※のこのあたりが親王の所領だったからです。

土地柄六甲山系から芦屋川・生田川などいくつも清流が湧き出していて、南を向いた傾斜地ですし、土も肥《こ》えている。開墾すれば日あたりのよい南面の棚田になるのです。温暖な土地は水田稲作にもっとも適していたので、阿保親王の命で行平・業平兄弟が所領

※阿保親王＝第五十一代平城《へいぜい》天皇の第一皇子。薬子の変で左遷されたのち、叔父の嵯峨天皇に許され帰京。文武の才とともに音楽（絃歌）にも秀でていた（延暦十一・七九二年〜承和九・八四二年）。
※薬子の変＝平城上皇と弟の第五十二代嵯峨天皇との政争。平城上皇の愛妾《あいしょう》・藤原薬子《ふじわらのくすこ》が首謀者とされるが実際は上皇と天皇の対立で、嵯峨天皇が平城上皇を武力で追い落として決着。
※仁明天皇＝嵯峨天皇の第二皇子、第五十四代天皇（弘仁元・八一〇年〜嘉祥《かしょう》三・八五〇年）。承和の変後、自身の第一皇子・道康《みちやす》親王（のちの第五十五代文徳《もんとく》天皇）を立太子した。
※摂津国＝現在の大阪府と兵庫県が接する地域の旧国名。淀川《よどがわ》・大和川《やまとがわ》の河口に住吉津《すみのえのつ》・難波津《なにわつ》があり古代から水上交通の要衝《ようしょう》だった。

地を開墾し、田んぼを広げたのではないか？　それで功績を挙げたので、在原朝臣《あそん》※という名前をいただいたのではないか……阪神間の緑と水の豊かな山の手を歩いていると、このように思えてきます。

◎『翁』――謎の翁たちは在原氏なのか

源次郎　謡曲『翁』にはこのような詞章もあるのです。

ありはら（わ）や。なぞの。翁ども
あれはなぞの翁ども。
そやいづくの翁とうとう
〈神歌（翁）〉より

源次郎　在原の業平は『伊勢物語』では色男、陰陽《いんよう》の神※のように描かれているけれども、じつは生産の神さまなんですね。陰陽の神さまですから男女の和合《わごう》にも関係してくるのですが、要するに作物がどうすればできるかを知っている人たちなんです。

ですから、農事を祝福する『翁』の中に「ありはら《〈わ〉》や。なぞの。翁ども」と謡《うた》われる原因になったのではないでしょうか。『伊勢物語』はお米にまつわる物語なんですね。姓の由来は、たとえば梅原は梅の木の原、柿原は柿の木の原と、産物が生み出される原＝腹が姓になっているのです。では在原とは何かというと、陰陽の神としてさまざまな物産が出てくる原ではないか？　と解釈できますね。

これで『花筐《はながたみ》』『国栖《くず》』に加えて『翁』が出てきました。歴史のミステリーを秘めた代表的な曲の説明をひと通りすることができました。『翁』に出てくる「在原」という言葉が、これで解釈できるとすると、能はそういう稲作の歴史の豊穣・祝福藝能として非常に重要な意味を帯びてきます。やがて全国に水田稲作が広がっていくことへとつながっていく、と思うのです。

※在原朝臣＝阿保親王と弟・高岳《たかおか》親王が臣籍降下した際に賜《たまわ》った姓《かばね》。『詩経』の「脊令在原《せきれいはらにあり》　兄弟急難」という句に由来する、とされる。

※陰陽の神＝謡曲『杜若《かきつばた》』に「本覚真如《ほんがくしんによ》の身を分け陰陽の神といわれしも、ただ業平のことぞかし」とある。この陰陽とは男性が陽、女性が陰で性愛を意味する。ものを生み出す力でもあるので生産力・豊穣にかかわる力をも意味する。

◎大地震と菅丞相《かんしょうじょう》

源次郎　ちょっと寄り道をしましょうか。

〝貞観大震災五点セット〟というものがあるのだそうです。非常持ち出し品ではなく、歴史の話です。

まず富士山の大噴火（貞観六・八六四年）。次が播磨《はりまの》国大震災（貞観十・八六八年）。そして陸奥《むつの》国（現・東北地方）を襲った貞観大震災（貞観十一・八六九年）、それと日蝕《にっしょく》（貞観十五・八七三年）。

残る一つは？　菅原道真《すがわらのみちざね》※なんです。

菅原道真は当時最高水準の官吏《かんり》登用試験を貞観十二（八七〇）年に受けました。その問題は論述式で、問題文は「明氏族（氏族を明らかにせよ）」と、もう一つが「辨地震（地震《ないふる》を弁ぜよ）」だったのです。

地震という問題が出たのは、前年に貞観大地震が起きたことを踏まえてに違いありません。道真は、古代中国の地震計（地動儀《ちどうぎ》）についてのエピソードを引きながら当時の学問、儒《じゅ》教・道教・仏教などの知識を動員して弁じたとのことです。道真は出題者から辛目の採点をされましたが、無事合格しています。

さて、この五点セット、現代でもあったというのです。

まず阪神淡路大震災（平成七・一九九五年）、そして東日本大震災（平成二十三・二〇一一年）。日蝕は平成二十四（二〇一二）年に九百年ぶりの見事な金環食《きんかんしょく》が観察されたとのことです。さすがに富士山の噴火は起きていませんが……。

では菅原道真は？

これがいたんですね。それも東日本大震災のときにいたんです。事故翌日の三月十二日に福島第一原発の緊急視察に、菅直人総理大臣がヘリコプターで飛んでいった。

菅総理とは、古い言葉でいうと〝菅丞相《かんしょうじょう》〟にほかなりません。「原」が省略されていますが、貴人の古い呼称では「菅公《かんこう》」「藤家《とうけ》」など氏の一字で呼ぶのです。

——丞相！　最高権力者である中国の皇帝（日本では天皇）を補佐する最高位の官僚（こちらの読みは通常じょうしょう）ですね。といいますか、三国志の諸葛孔明《しょかつこうめい》の代名詞です！　それと、つい忘れがちですが劉備《りゅうび》のライバル曹操《そうそう》も丞相でした（当時、曹操はまだ魏《ぎ》の国を名乗っておらず、名目的には後漢《ごかん》王朝を支える総理大臣、という立場であるため）。

※菅原道真＝平安時代の貴族で政治家・学者・詩人（承和十二・八四五年〜延喜《えんぎ》三・九〇三年）。宇多《うだ》天皇を補佐して「寛平《かんぴょう》の治《ち》」に貢献、次の醍醐《だいご》天皇に右大臣に任命された。しかし左大臣・藤原時平《ふじわらのときひら》に讒訴《ざんそ》され、太宰府へ流されて憤死。怨霊となって祟《たた》ったとされる。

日本では左大臣・右大臣を左丞相・右丞相と呼ぶそうですね。日本での代表選手はまさに菅原道真〝菅丞相〟でした。現代でいえばもちろん総理大臣ですね。

源次郎　ちなみに道真を菅丞相と呼ぶ作品としては人形浄瑠璃《じょうるり》や歌舞伎の『菅原伝授手習鑑《すがわらでんじゅてならいかがみ》』が有名ですが、能にもそのものずばり『菅丞相』という曲があったのです。

今は上演されない廃曲扱いですが、近年約五百年ぶりに復曲上演もされています（二〇一五年八月、於・京都芸術劇場、観世《かんぜ》流大槻文藏《おおつきぶんぞう》氏による復曲能）。

ということは、あのとき、五点セットのうち四つまでが同調《シンクロ》していたんですね。歴史のミステリーでしょうか。

災害といえば、昔は雷神になった菅公を避けるために、蚊帳《かや》を吊って中に入り、「くわばら、くわばら」と唱えましたね。今ではこの風習はおろか、蚊帳も珍しくなってしまいましたが……。

これは道真にゆかりのある桑原という土地には落雷がなかった、という言い伝えによるものです。桑原とは今の京都府中京区の桑原町だという説や、近江《おうみ》に桑原という土地がありやはりここに落雷がなかったから、などという説があります。

菅原氏の所領が桑原とは、それはつまり桑の畑を管理していたということ。場所は滋賀県でも京都市内でもいいのですが、桑の葉とは天蚕《てんさん》、つまり養蚕に使うものです。菅原氏は養蚕関係者だった、と考えることができます。

そして先ほどの在原氏は、阿保親王のもとで阪神間で稲作を営んでいた人たちでしょう。行平・業平は陰陽の神になってゆきます。『伊勢物語』『古今和歌集』の業平の歌では「ついに行く　道とはかねて　聞きしかど　昨日今日とは　思わざりしを」と意味深な辞世の歌を詠《よ》んで主人公は亡くなります。

在原氏は源氏や平氏と同じく姓《かばね》を賜って臣籍降下した天皇家の傍流です。菅原氏は古代から天皇家に仕えた家臣の家系。藤原氏も家臣の家系ですが、歴史の中では藤原氏が押しも押されもせぬ主流派となってゆき、「望月の欠けたることもなしと思えば」と謳《うた》うほどの藤原の天下をつくっていきました。奈良時代から平安時代にかけて一大勢力だった興福寺《こうふくじ》も、鎌倉時代以降の大勢力となった本願寺《ほんがんじ》※も、皆、藤原氏と関係する寺院でした。

仏の教えで民衆をつかみ、経済効果を上げて、結果的に藤原氏が天下を支配したと批判材料にされますね。

菅原道真が地震について述べた百年、二百年後、東北に赴《おもむ》いて東蝦夷《あずまえびす》（アイヌ？）の地を開

※本願寺＝慶長七（一六〇二）年に東西に分裂する前の、浄土真宗本願寺派の本山。藤原北家の菩提寺《ぼだいじ》であったため、法主《ほっす》である大谷家の家紋は「下り藤《さがりふじ》」である。

拓していった人たちも藤原氏の系統です。奥州藤原氏のもとになった人びとで、十一世紀頃でしょうか、藤原氏の勢いが日本の隅々にまで及んでいきます。

その藤原氏のスポンサードを受けられたおかげで、猿楽は活躍の幅を広げていき、やがて能楽が生まれる下地になるのです。それは確かなんですね。

◎驚くべき国際社会だった飛鳥《あすか》・奈良時代

源次郎　もう一つ寄り道して、少し時代をさかのぼりましょう。

六、七世紀には聖徳《しょうとく》太子がたくさんのお寺を建てました。奈良に法隆寺《ほうりゅうじ》※、法起寺《ほうきじ》※、中宮《ちゅうぐう》寺《じ》※、橘寺《たちばなでら》※、葛木寺《かつらぎじ》※。これに加えて難波《なにわ》（現・大阪府）の四天王寺《してんのうじ》※、京都太秦《うずまさ》の広隆寺《こうりゅうじ》※が、太子建立七大寺《たいしこんりゅうしちだいじ》と呼ばれます。また、太子建立四十八院という伝承もあり、たとえば奈良大淀町の比曽寺《ひそでら》※などが挙げられます。

当時のお寺は単なる宗教施設ではありません。僧侶の修行道場・教育や研究の専門機関というだけでもない。もちろんそれらの機能はあるのですが、それに加え、外交などのデモンストレーションや祝祭も担う、一大文化センターだったのです。その代表が東大寺※です。

六、七世紀の朝鮮半島は三国時代（高句麗《こうくり》・百済《くだら》・新羅《しらぎ》）ですが、日本と関係の深い百済が盛んでした。日本で大きな寺院が開闢するときには、大陸からは百済を通ってさまざまな使節が来ていたと思います。使節には藝能をつかさどる楽人や舞人も大勢含まれていたはずです。藝能は当時の外交儀礼には欠かせなかったからです。

※法隆寺＝聖徳太子（厩戸《うまやどの》皇子）の邸宅・斑鳩宮《いかるがのみや》に接して建てられた斑鳩寺がもと。七世紀はじめの創建とされる。

※法起寺＝正確には太子の歿《ぼっ》後《ご》数十年の創建とされる。創建当時の三重塔が現存。

※中宮寺＝太子の母で用明《ようめい》天皇皇后・穴穂部間人皇女《あなほべのはしひとのひめみこ》ゆかりの尼寺。天寿国繡帳《てんじゅこくしゅうちょう》と菩薩半跏《はんか》像がある。中宮とは天皇の后《きさき》の邸を指し、転じて皇后や皇太后・皇太夫人（天皇の生母）をも指す。

※橘寺＝斑鳩から離れた飛鳥《あすか》（現・明日香村）にある。飛鳥は蘇我《そが》氏の根拠地で、蘇我の血を引く用明天皇の宮もあり、聖徳太子生誕の地ともされる。

※葛木寺＝太子存命中に創建されたとされるが、廃寺となり、どこにあったかもいくつか説がある。

※四天王寺＝難波にあり、蘇我馬子《そがのうまこ》建立の法興寺《ほうこうじ》（現・元興寺《がんごうじ》）と並ぶ日本最古の寺院。蘇我・物部戦争で聖徳太子は四天王に祈願して勝利を収めたため、四天王を祀る寺を建てたとされる。

※広隆寺＝京都市右京区太秦にある。蜂岡寺《はちおかでら》・秦公寺《はたのきみでら》の別称があり、もっと奈良に近い場所に創建されたと考えられる。聖徳太子が弥勒菩薩半跏像を秦河勝《はたのかわかつ》に下賜《かし》し、それを祀ったとされる。

※比曾寺＝現・世尊寺《せそんじ》。かつては立派な堂宇がありながら歴史から消えてしまった謎のお寺です。このあたりには不思議なお寺が多く、宇陀市の大蔵寺《おおくらじ》は弘法大師が高野山よりも前に建立したとされますが、太子創建との伝承もあるのです。（源次郎）

※東大寺＝八世紀前半、第四十五代聖武《しょうむ》天皇の発願で創建。南都六宗の一つ・華厳《けごん》宗総本山。大仏（毘盧《びる》遮那《しゃな》仏）は創建時からの本尊で、開眼《かいげん》法要は天平勝宝四（七五二）年。

奈良時代最大の文化事業、その集大成といえるのが、八世紀半ばの東大寺・大仏開眼《かいげん》法要です。このときは朝鮮半島だけでなく、アジア全域からさまざまな藝能者がやってきて、大アジア文化祭とでもいうべき空前のお祭りが挙行されました。主催者は聖武《しょうむ》太上《たいじょう》天皇※、参列者は一万数千人、これはもちろん一般民衆は含まない、皇族や貴族、官僚である文武百官、知識階級である僧侶などエリートだけでこの人数です。

開眼法要では五節《ごせち》※・久米《くめ》※・楯伏《たてふし》※・踏歌《とうか》※などの舞が舞われ、唐古楽《とうこがく》※、唐散《とうさん》楽、林邑《りんゆう》楽、高麗《こま》楽、唐中《とうちゅう》楽、唐女《とうじょ》楽、高麗女《こまじょ》楽など各国の音楽が演奏されました。朝鮮、中国だけでなく東南アジアまで含んでいます。

奈良にはこんな和上《わじょう》（僧侶）のお話があります。この大仏開眼法要にインドのマガダ国※から僧侶が渡来したのですが、帰れなくなって、最後は故郷のマガダ国の風景に似ているという生駒山《いこまやま》で庵《いおり》を結んで亡くなった、というのです。

大仏開眼法要で導師をつとめた、インドからの渡来僧・菩提僊那《ぼだいせんな》にまつわる伝説です。

生駒周辺には行基《ぎょうき》上人《しょうにん》や役行者《えんのぎょうじゃ》が開基《かいき》したと伝えられる古寺がいくつもありますから。

私もＤＮＡ検査をしたところ、古代インド人の遺伝子が入っていると判明して驚きました。

その僧侶がたくさんの子どもをつくられたのかどうかはわかりませんが、奈良にはインド人のようなエキゾチックな顔立ちの方もたくさんおられます。

アジア各地から集まった楽人・舞人たちも、故国へ帰れなくなって大和《やまと》に定住した人もたくさんいたはずです。

もちろん帰国した人もいたでしょうが、国に帰るのを諦めて、大和に残りアジアの藝能を日本に定着させる仕事についた人たちがいるのです。

その人たちが持ってきた道具、仮面や楽器が今も保管されているのが東大寺の正倉院《しょうそういん》です。

※太上天皇＝譲位した天皇の尊称。略して「太上皇」「上皇」「院」とも呼ばれた。

※五節＝五節舞は、日本の雅楽では唯一、女性のみが演じた舞。大嘗祭《だいじょうさい》や新嘗祭《にいなめさい》で、四、五人の舞姫によって舞われる。

※久米＝久米舞は古代に軍事をつかさどった久米（来目）氏による戦闘歌舞。宮中儀式で国風《くにぶり》として四人の舞手によって舞われる。剣を抜き、敵（土蜘蛛《つちぐも》）を斬る。

※楯伏＝楯節舞とも。武官の制服である闕腋袍《けってきほう》を着、甲冑《かっちゅう》を着け、鉾《ほこ》を持って踊る。吉志《きし》舞・吉師《きし》舞・吉《き》士《し》舞とも。後世、住吉踊りになったともいう。

※踏歌＝集団で地面を踏みならして歌い舞う儀礼。中国より伝わり、一月十五夜、男女に別れて踊る。

※唐古楽、唐散楽…＝古楽および楽は楽器による囃子《はやし》、散楽は曲芸・軽業《かるわざ》などを含む藝能。唐は当時の中国、林邑はカンボジアなど南アジア、高麗は朝鮮半島のこと。

※マガダ国＝紀元前にガンジス川流域で栄えた王朝の一つ。釈迦《しゃか》と同時代のビンビサーラ王などが有名。

①

②

③

④

釈尊の時代の大国マガダ国の首都ラージャグリハ（王舎城）跡地、現・インド北東ビハール州ラジギールを訪ねて。①旧王舎城の城壁　②竹林《ちくりん》精舎《しょうじゃ》跡(Venuvana Vihara ヴェーヌヴァナ・ヴィハーラ)。最初の僧団発祥の地。釈尊に帰依したビンビサーラ王は王家所有の竹林園を寄進。③霊鷲山山頂。④岩が鷲の形をしているので、霊鷲山と名付けられた。

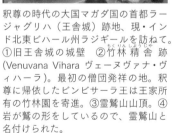

◎正倉院は、楽器の原器保存庫

源次郎　大仏が開眼した八世紀頃は、海外からさまざまな人種がさまざまな音楽を大和にもち込んで、村々に住んだのだと思います。尾根を越えた隣の谷には高麗舞の人たちが、こちらの川の畔《ほとり》には唐の古楽の人たちが、というように別れて集住したのではないか。それが土着化していくのには三、四百年かかると思うのです。

というのも、楽器は使うにしたがって傷むので、直したり作ったりしなければなりません。どれほど丁寧に扱っても鼓《つづみ》には力がかかりますし、笙《しょう》・篳篥《ひちりき》※など管楽器は演奏すると息で湿り、また乾燥するという繰り返しになり、素材が劣化していきます。乱暴な使い方をしていれば三、四十年で作り直さないとダメになる。

そういうときのために正倉院の御物《ぎょぶつ》（宝物）があるのです。

正倉院の御物は宮内庁のウェブページで見ることができますが、尺八《しゃくはち》・横笛・笙・篳篥な

※笙・篳篥＝笙は十五本の管をもつリード楽器。小さなパイプオルガンのような構造で和音を出せる。篳篥は単管の縦笛型リード楽器。オーボエの原型とも。

どの吹奏楽器、阮咸《げんかん》・琵琶《びわ》・琴※などの弦楽器、打楽器である鼓の胴と革などが今も大切に保存されています。これは、螺鈿《らでん》の琵琶は細工が美しいから、大理石の尺八は素材が珍しいから、といった理由だけで保管されていたわけではないと思うのです。貴重な現物、原型を伝承する意味があったのではないか、と。

渡来人の楽士たちが、故国から持ってきて使っていた楽器が故障したとき、新たに作り直す際に手本になるものとして、一番状態のよいものをオリジナルとして保存していたのです。

御物には伎楽《ぎがく》の面もたくさんありますが、あれもそうです。

面はかぶって使うとどんなに大事に扱っても少しずつ損耗していきます。傷が入ったり剝《は》がれたり、あるいは焼失することもある。

そういうとき、オリジナルもしくはそれに近い状態のものを手本にして次の新しいものを作るために、原型が正倉院に保管されていると考えられます。日本に持ち込まれた宝物をコピーできる技術を育《はぐく》み、それを伝承した、その証拠なんです。

——ですが、もともとは外国で作られた楽器ですから、日本の気候風土に合わないこともあったのではないでしょうか？

日本では調達できない材料もありますよね。ニシキヘビの皮とか、木材の紫檀《したん》とか。紫檀は今でいうとローズウッド、黒檀《こくたん》はエボニーのことで、どちらも日本では採れない、熱帯の特産品です。そういう素材のものはどうしたのでしょうか。

源次郎　たしかに、珍品・宝物とされるものには日本にない素材が多いですね。また、高温でも乾燥したインドでなら何百年も持つ素材も、高温多湿の日本では、カビたり、湿気で悪くなったりします。

大事に大事に使ってきた楽器も四、五百年も経てば作り直す必要があります。貴重な輸入品の黒檀で胴を作り直すか？　いや、ない。ならば、檜《ひのき》がいいか欅《けやき》がいいか、と日本オリジナルの素材をいろいろ試したのでしょう。そして桜の木材がよい、ということがわかって、桜が群生している今の奈良県桜井市周辺で鼓胴が作られるようになっていったのではないでしょうか。

八世紀にさまざまなアジアの藝能が伝来し、それから四、五百年経った十二、三世紀に能楽の原型が生まれてくるのですが、鼓にも変化が生まれます。コピーにコピーを重ねたレプリカなのですが、改良を続け、さらに工夫が凝《こ》らされて、オリジナル色が出てくるのです。

※阮咸・琵琶・琴＝阮咸と琵琶はリュートに似た、撥《ばち》で鳴らす弦楽器。阮咸は琵琶よりネックが長くフレット（柱《じゅう》＝棹《さお》の突起）が多い。琴は多数の弦をフィンガーピックで鳴らす弦楽器。

国立能楽堂には小さいけれど立派な資料展示室があり、楽器をテーマとした展示もおこなわれています。能楽師の家に代々伝わってきた十三、四世紀頃の鼓が展示されたこともありました。おそらく正倉院の御物をもとにレプリカ製作が繰り返され、オリジナル性を少し入れ始めたものの一つではないでしょうか。

正倉院はこうして千三百年じっと御物を守り続けて、今や世界最古の博物館として、いろいろな機能をもつようになったわけですね。

◎応仁《おうにん》の乱で大和にチャンスが？

——室町時代初期に足利《あしかが》幕府の庇護《ひご》のもと、観阿弥《かんあみ》・世阿弥が能を大成しますよね。でもそれからしばらくすると、幕府の衰退、守護大名の台頭によって、だんだんと戦乱の世になっていきます。

能楽師たちはどうしていたんでしょうか。

源次郎　十五世紀、応仁《おうにん》元（一四六七）年からの約十一年間ですが、京都は応仁の乱※で焼け野原になってしまいました。

ところが、もう京都はダメだ、これからはまた奈良が都だ！　ということで大和が一時大変にがんばったようです。

そして、その頃に大和の能楽師たちが、自分たちのオリジナル性をすごく高めたように思えます。

もしかすると、このとき権力が大和へ戻っていたのではないか？　それほどのことを考えるのです。

この頃、「能楽師の小鼓方は美濃権守《みののごんのかみ》（観世与五郎吉久《かんぜよごろうよしひさ》）※から習わないと、小鼓方の看板を掲げてはならない」というようなお達しが出た形跡があります。そこで、それまで民間藝能者として活動していた人たちが、いっせいに美濃権守に入門し直し、習い直します。つまり美濃権守のお墨付きがないと、能楽師として活動できないという、権威が一人の能楽師に集中する時代があったように思えます。

ひょっとするとこれが家元制度の原型かもしれません。十五世紀後半から、いろいろな鼓

※応仁の乱＝室町幕府管領家の畠山《はたけやま》・斯波《しば》氏の争い、守護大名の細川勝元《ほそかわかつもと》・山名宗全《やまなそうぜん》の争い、室町幕府八代将軍足利義政の継嗣《けいし》争いなど複雑な政争によって、京都は荒れ果てた。

※観世与五郎吉久＝檜垣本《ひがいもと》吉久（文明《ぶんめい》十五・一四八三年～永正《えいしょう》十五・一五一八年）。戦国時代、観世座の小鼓の名手。檜垣本座は今の奈良県大淀町にあった。後に美濃権守に任ぜられた。

が発達して、鼓としての形状も定まっていく時期と同調《シンクロ》しているのです。

翁藝能の継承と、能楽にさまざまなバリエーションが生まれて広がっていく過程に、一つの強い権力が働いたと推測できます。

八世紀以来、さまざまな民族や音楽が渡来し、それまでの藝能系が影響を受けて多方向に展開していく、わけがわからなくなっていくのを「いったんまとめよう」としたのではないでしょうか。

国家権力が藝能に大きく関与したのが、大宝《たいほう》元（七〇一）年の雅楽寮の設置と、この十五世紀の能楽再編だったのではないか、と思うのです。

当時能楽は「猿楽《さるがく》（申楽《さる》）」といっていたわけですが、いろんな芸系を採り入れて、ミュージカルのように、ここは何族がもっていたこの音楽、ここは何族がもっていた話芸、といったように集大成していったのが、観阿弥・世阿弥ら創成期の能楽だったのです。きっと、じつにスリリングな時代だったことでしょう。

◎『梅』――権現《ごんげん》思想と対立する儒教思想

――なるほど、藝能の歴史に当時の政治や戦争が大きく影響していた、というのはたしかにありそうですね。むしろ影響を受けないほうがおかしいです。

源次郎　数世紀にわたってさまざまな渡来人がやってきた、これはもう歴史の定説として確定的だと思います。しかし、先住民たちとどのようにして仲よくなったのかがわからないのです。たとえば、私は、徐福《じょふく》伝説の渡来人たちは仏教の影響を受けたユダヤ教徒だった、と考えています。では、その人たちが日本に入ってきたとき、アニミズムである多神教の先住民たちとどのように付き合っていったのでしょう？

戦争して征服したのでしょうか。平和的に取り込んだのでしょうか。

繰り返しますが、定説では三世紀以降の大和、つまり奈良にはさまざまな民族が入ってきました。難波からは巨大古墳の文化を持った人たちが、越前からは継体天皇とその一派の人たちが、また熊野からは神武東征《じんむとうせい》の伝説が示す勢力が入ってきたとの考え方があります。あるいは伊勢など別のルートもあったでしょう。

奈良盆地に多くの民族がひしめき合った結果、奈良は歴史の舞台として栄えましたが、争いも絶えませんでした。聖徳太子の時代、あるいはもっと前の第二十一代雄略《ゆうりやく》天皇の時代から壬申《じんしん》の乱まで、戦乱が繰り返し起きています。

この奈良盆地の戦乱を鎮《しず》めようとしたのが、役行者の権現《ごんげん》思想だった、ということを先にご紹介しました。

権現思想は「神も仏も同一格」という言い方をします。これ、今でいうと「アッラーもイエスもアポロンも、同じ神！」と言い出すようなものですから、とんでもないことです。とんでもないことを言いながら、一応それを成功させてしまったわけです。

――都が奈良から京都へ移って、宗教的な権威も南都仏教から北嶺の天台仏教に移ります。どんな変化が起きてきたのでしょうか？

源次郎　そうです、天台宗が大きく台頭してきます。ですから謡曲、観阿弥や世阿弥が能をつくり出した頃の曲には、天台の教えが数多く入っているのです。梅原猛さんはそれをよくおっしゃっていました。「神仏習合の原型がそこに描かれている」と。

天台宗は仏教の立場から神仏習合を打ち出してきました。神道も神道で、神宮寺《じんぐうじ》を建てるなどして仏教勢力を取り込む、といいますか宥和《ゆうわ》していこうとします。

このトレンドは長く続いたと思います。

織田信長《おだのぶなが》は越前の劔神社《つるぎじんじゃ》に仕えた忌部《いんべ》氏※の子孫ですから神道系ですね。豊臣秀吉《とよとみひでよし》はその信長にお供をして歩いていたけれど、仏教系です。天台宗でしょうか。日吉丸《ひよしまる》時代に過ごしたという尾張の光明寺は時《じ》宗※ですが、自身が増築・建立した三千院や方広寺は天台宗です。上手に中和・宥和しようとしてきたのかもしれません。

そして徳川家康《とくがわいえやす》は天台の高僧・南光坊天海《なんこうぼうてんかい》をブレーンにして江戸幕府を打ち立てていきます。

天海の事績では東叡山寛永寺《とうえいざんかんえいじ》や不忍池《しのばずのいけ》など、京都を模した都市作りが有名です。しかし、その根本にあるのは権現思想なのです。天台思想から再び根源思想へとトレンドが移ったのでしょうか。ですから家康は亡くなると「東照大権現《とうしょうだいごんげん》」として祀られました。

権現思想で新体制を建設した結果、徳川政権は多様性を容認したハイブリッド国家になったといえます。ところが江戸期になると、幕府の統治政策に儒教が入ってくるんですね。

とくに林家《りんけ》※が奉ずる朱子《しゅし》学※が幕府の正学とされると、武家の子弟は朱子学を学ぶことが出

※忌部氏＝古代氏族の一つで、祭祀を担って朝廷に仕えた。斎部《いんべ》氏とも。「忌（いむ）」は「ケガレを忌む」「行いを慎み、心身を浄める」の意がある。織田劔神社は伊部郷（現・越前町）にある。

※時宗＝鎌倉時代末に勃興した宗派の一つで、開祖は一遍《いっぺん》。踊り念仏といわれる念仏宗・浄土信仰で、下層民衆や旅暮らしの非常民に強く支持された。

※林家＝林羅山《はやしらざん》を祖とする儒学・朱子学者の一族。幕府の教育担当官の最高位「大学頭《だいがくのかみ》」を代々名乗った。

※朱子学＝十二世紀、南宋《なんそう》の朱熹《しゅき》によって再構築された儒教の体系。日本には鎌倉時代に伝来したが、江戸時代に林家によって武家の政治理念、体制側の主理論として権威をもった。

世の必要条件になります。そうすると、その反動で朱子学と対立する陽明学《ようめい》※も盛んになりました。あるいは本居宣長《もとおりのりなが》や平田篤胤《ひらたあつたね》が国粋主義的な国学《こく》※を提唱し、それぞれ支持を集めます。

そして、儒教の影響があるとおぼしき謡曲も書かれるのですね。

観世元章《かんぜもとあきら》※が『梅《うめ》』という作品を残しています。この曲には「草を賤《いや》しみ木を貴《たつと》む」という詞章があるのですよ。

地謡《じうたい》　そもそも神代《かみよ》の習わし。草を賤しみ木を貴む。その木の中にかばかりの。形色香の花なければ。梅花を嘉《よみ》して。木の花といえり

室町の人は「山川草木悉皆成仏《さんせんそうもくしっかいしょうぶつ》」と謡っていたにもかかわらず、この曲では「草は賤しい」「梅という木はことに優れたすばらしい木だ」と謡っているのです。

「山川草木悉皆成仏」というと、草も木も皆、尊い、その中に上下の区別はない、となるはずです。ですが、草と木の間にむりやり上下の区別をつくってしまう。まるで、「俺たちはすごいんだぞ」と言わんばかりの優越意識を感じてしまいます。

これが儒教といいますか、朱子学の根本理念なのですね。儒教は序列を重んじるシステムですから、どちらが偉いかが大事になります。

一般的な能の曲目の解説には、こういうことはまず書かれません。書かないし、書けない。上辺のあらすじだけをなぞるに留まってしまいます。本書ではそこで足を止めず、行けるところまで行きましょう。

◎『養老《ようろう》』——権現思想と風水思想で国家をととのえる

源次郎　ひるがえって、権現思想にもとづいたお能の例を挙げてみましょう。たとえば『養老《ようろう》』ですね。室町時代、世阿弥作と伝えられる曲です。

※陽明学＝中国・明代の王陽明《おうようめい》が起こした儒学の一派。日本の学者では中江藤樹《なかえとうじゅ》・熊沢蕃山《くまざわばんざん》が代表的。反体制的な傾向があり、大塩平八郎《おおしおへいはちろう》や佐久間象山《さくましょうざん》・吉田松陰《よしだしょういん》・西郷隆盛《さいごうたかもり》などに影響を与えた。
※国学＝儒教や仏教の道徳は抑圧的だとし、日本古来の自然な感情を追求した。本居宣長らは『源氏物語』『古事記』などの文献を研究し、平田篤胤が起こした復古神道は尊皇攘夷・皇国史観へとつながった。
※観世元章＝シテ方観世流第十五代宗家（享保《きょうほう》七・一七二二年～安永《あんえい》二・一七七四年）。国学者の賀茂真淵《かものまぶち》らと能楽の一大改革「明和《めいわ》の改正」をおこない、謡曲の詞章を大改訂した。

【養老】あらすじ

時は五世紀末、第二十一代雄略天皇の御代《みよ》、美濃《みのの》国・本巣郡《もとすのこおり》に不思議な泉が湧いているとの報《しら》せを受けて、勅使《ちょくし》が検分に訪れる。勅使は、冷水を見つけた地元の木樵《きこり》父子に出会い、父子は「養老の滝」を見つけたいきさつを語る。

源次郎　つまるところ、親孝行の子どもが養老の水（若返る水）を汲《く》んで老父に届ける、というお能です。「子どもは親を敬え」という道徳を勧めるものです。神の能、初番目《しょばんめ》物ですね。

この曲は、将軍宣下《しょうぐんせんげ》（天皇が征夷大将軍《せいいたいしょうぐん》を任命する儀式）のときに上演されたといわれます。演じる側からすると、将軍がおっちょこちょいで、ミスばかりするのを見かねて、皮肉、あるいは諫言《かんげん》なのか、もっとしっかりした将軍になってくださいよ、と伝えたくてこういうお能を演じたのではないか、と想像してしまいます。

この曲を仔細《しさい》に見てみると、別の意味が浮かび上がってきます。

シテ　ありがたや、治まる御代の習ひとて。山河草木穏《おだや》かに。五日《ごじつ》の風や十日《しうじつ》の。天《あめ》が

下照る日の光。曇りはあらじ玉水の。薬の泉はよも尽きじ。あらありがたの奇瑞《きずい》やな

地謡　これとても誓いは同じ法《のり》の水。尽きせぬ御代を守るなる

シテ　我はこの山山神の宮居《みやい》

地謡　または楊柳《ようりゅう》観音菩薩

シテ　神と云い

地謡　仏と云い

シテ　ただこれ水波《すいは》の隔《へだ》てにて

地謡　衆生済度の方便の声

シテ　峯の嵐や。谷の水音滔々《とうとう》と

地謡　拍子を揃えて音楽の響き。滝つ心を澄ましつつ。諸天来去の影向《ようごう》かな

シテ　松蔭に。千代を映せる。緑かな

地謡　さも潔き山の井の水。山の井の水山の井の

シテ　水滔々として。波悠々たり。おさまる御代の。君は船

地謡　君は船。臣は水。水よく船を。浮かめ浮かめて。臣よく君を。仰ぐ御代とて幾久しさも尽きせじや尽きせじ。君に引かるる玉水の。上澄むときは。下も濁らぬ瀧津の

水の。浮き立つ波の。返す返すも。よき御代なれや。よき御代なれや。万歳の道に帰りなん。万歳の道に帰りなん

舞台の中入《なかいり》後、後場《のちば》の出端《では》はこのように「ありがたや〜山河草木穏やかに」と始まり、この後はずっと神と仏のことを謡っています。

これは先ほど述べました『梅』が「草を賤しみ木を貴む」と草木に序列をつけて差別したのと違い、ここでは山も川も、草も木も穏やかに調和している、と謡われます。

とくに「峯の嵐や。谷の水音滔々と」という詞章に注目してください。「峯の嵐」はひゅうひゅう、風が音を立てます。風の音は笛の響きでもある。水音は、サラサラ、というのではなく急流を落ちる水が水面や岩を叩く、どうどうどうどうという音です。あれは太鼓のドンドン、鼓のポンポンという音、響きともいえるわけです。

風と水、つまり、昨今流行《はや》っている風水のことですね、「峯の嵐や。谷の水音」というのは。風水とは結局、自然の音楽なのです。ですから「家の風水をととのえなさい」というのは、この家自体が楽器なのですよ、風と水を取り込んでやると、そこによい響きが生まれて、その中でよい家族が生まれますよ、ということです。それが風水の世界です。

それを『養老』では謡曲の詞章として謡っているのです。これを将軍宣下に際して演じた

というのは、〝そういう国を造ってほしい〟というメッセージを新将軍にプレゼントとして出したのです。

再び「峯の嵐や。谷の水音」に戻りましょう。その前からいうと、「ありがたや、治まる御代の習いとて。山河草木穏やかに。五日の風や十日の。天が下照る日の光……」、五日ごとに風が吹いて、十日ごとに雨が降って、とは、風で土地が浄《きよ》められ、雨で土地が潤《うるお》う、その結果よい作物が出来るのです。

――「五風十雨《ごふうじゆうう》の狂いなく」という昔の言い方があるそうですね。台湾などの古い廟《びょう》にはよく「風調雨順《ふうちょううじゅん》」（万事順調を願うの意。出典は『旧唐書《くとうじょ》』）と書かれた提灯《ちょうちん》が奉納されていますが、中国文化圏ではそういう言い方になるようですね。

源次郎　なるほど、いずれも陰陽がととのった世界がよい作物を作る、ということですね。「我はこの山山神の宮居」は、山の神さまですよ、これが「または楊柳観音菩薩」へと続きます。

「神と云ひ　仏と云ひ　ただこれ水波の隔てにて」。私は山神でもあり楊柳観音菩薩でもある、ということを一人の神さまが（原型は男女の神さまが二人出てきて謡う）謡います。山神と楊柳観音菩薩が力を合わせ、風水を陰陽和合させて、この大自然の「峯の嵐や。谷の水音滔々と 拍子を揃えて音楽の響き。滝つ心を澄ましつつ。諸天来去の影向かな」、要するに風水が音楽を奏《かな》でて、私たち山神が舞います、大勢出てきて皆で舞いますよ、と山の神が喜びの舞を舞う。

その後に、「松蔭に。千代を映せる。緑かな　さも潔き山の井の水。山の井の水山の井の水滔々として。波悠々たり。おさまる御代の」と謡った後に、「君は船。臣は水」と謡います。キとミというのは伊邪那岐命《いざなぎのみこと》で「火」と「水」の言葉で、「きみ」という言葉は今では簡単に使ってしまいますが、じつはキミというのは、陰陽まったき世界、私たちは同じ「き」と「み」で結ばれたもの、というよい言葉なのです。

つまり、お互いに扶《たす》け合って、豊かな国を造っていきますよ、といったことを謡うわけです。

こうしてひと言ひと言を見ると、『養老』という曲の詞章は、まさしく権現思想を、そして国のあり方のようなものを謡い上げていることがわかります。

これを室町幕府の将軍宣下のときにプレゼントする。能楽師の心意気です。

◎足利将軍・信長・秀吉もできなかったことをなしとげた徳川家康

源次郎　謡曲『養老』に込められた意味が足利将軍には百パーセント伝わっていたのかどうか。

もし伝わっていれば、足利政権はもっと続いたかもしれませんね。

――それでも徳川政権に次いでおよそ二百三十五年も続いたのですから、立派ではないですか？　この足利政権時代から戦国時代を経て、信長、秀吉の時代に、能が全盛を迎えますね。二〇一六年の大河ドラマ『真田丸《さなだまる》』でも秀吉の能好きの様子や武将たちの謡曲の素養が描写されていました。

源次郎　武田信玄や上杉謙信なども能の庇護者で、力の弱った足利将軍家から離れて地方へ散っていった能楽師たちを大勢保護しました。

当時すでに、江戸期のいわゆる農村歌舞伎のような農村能楽・農村猿楽が全国的に盛んにおこなわれていたのでしょう、地方の人でも能の素養はありました。大名クラスなら都で能楽師による実演を観たり聴いたりすることもあったでしょう。能楽師が地方に分散した際には、各地の地方大名たちがそれぞれに地方の能楽を大切に庇護していたのです。

それらの最大のものが、天下統一の覇者・豊臣秀吉です。禁中能《きんちゅうのう》（宮中能）などを催し、みずから能を舞い、大名たちが能や謡に親しむようになりました。金春流《こんぱる》がもっともお気に入りだったといいますが、観世・宝生《ほうしょう》・金剛《こんごう》をあわせた大和四座《やまとしざ》に扶持米《ふち》（給与としての米）

を支給し、保護しました。

しかし、秀吉までの権力者は、結局、自分たちの祭儀や楽しみのための能は催しましたが、それを統治の方法・哲学とまでは思ってはいませんでした。あくまでも趣味。逆にいうと、当たり前にありすぎたのですね。

秀吉の死後、天下に覇を唱え、元和元《げんな》(一六一五)年、「元和偃武《げんなえんぶ》※」をなしとげた徳川家康は違っていました。

家康も無類の能好きで、関ケ原に勝って天下を取ると、秀吉が直属にしていた大和四座を大坂から駿府《すんぷ》へと移させました。

もう一つの大きな変化が、参勤交代《さんきんこうたい》の原型が始まったことです。天下を取った家康は、江戸の町を整備し、城下に多くの屋敷を造って大名たちに与えました。これは秀吉も大坂城下でおこなっていたのですが、家康の場合は、跡継ぎの男児と奥方を江戸に住まわせよ、と大名に命じたのです。人質政策です。こうして大名たちは、領地を経営するためと、江戸で徳川家に仕えるため、隔年で地方の領地と江戸を行ったり来たりするようになりました。

家康の次の将軍、秀忠《ひでただ》は金剛座の名人・北七大夫長能《きたしちだゆうながよし》※を贔屓《ひいき》にし、喜多《きた》姓に改めさせて新しく喜多流を起こさせます。これで観世・宝生・金春・金剛・喜多の四座一流が揃いました。

三代将軍・家光《いえみつ》の代に「武家諸法度《ぶけしょはっと》」が公布され、参勤交代が制度として確立されました。

同時に、能楽は幕府の公式行事で演じられる藝能「式楽《しきがく》※」とされ、武士の正式な教養種目となりました。

具体的には、全国の大名に能楽を習えと命令し、能楽堂を建てて能楽を演じ、能楽師を雇え、ということになりました。今でいえば、四十七都道府県にそれぞれ公立のコンサートホールすなわち能楽堂を建てて、オーケストラを一つ、いや複数雇え、というようなものです。京都市交響楽団は日本初の自治体が経営するオーケストラとして始まったそうですが、それと似た感じです。能楽を、領地経営、統治のシステムにしろ、ということです。

家康が、能楽を正式に武家の式楽とし、江戸城中に毎年全国の諸大名を集め、『翁』を演じさせたということには非常に大きな意味があるのです。

『翁』は特定の解釈が難しい、さまざまに解釈できる、謎の多い曲です。ただ、大名のような統治階級に対して演じるときには、こんな意味が読み取れると思います。

※元和偃武＝偃武とは武器を伏せて庫《くら》に収める、戦争終結の意。慶長二十（一六一五）年、大坂夏の陣で豊臣氏を滅ぼした徳川家康が年号を元和に改めたことを指す。

※北七大夫長能＝能楽シテ方喜多流の流祖。金剛流の有力な大夫だったが大坂夏の陣で豊臣方につくなど曲折があり、一時隠遁《いんとん》する。二代将軍秀忠のときに復帰し、一世を風靡《ふうび》した。

※式楽＝儀式に用いられる藝能。神社の雅楽や神楽も式楽に分類されるが、江戸時代には幕府が能を「武家の式楽」と定めたため、式楽といえば能を指すことが多い。

お前たち大名は国元へ帰って、百姓たちを守らないといけない。秋の刈り取りが終わり、蔵におさまり、翌年分が蓄えられてはじめて安堵《あんど》する。そうしてやっと公儀に献上されて、武士が食べるお米になる。それまできちんと民草を守らないと、翌年のおまんまはないのだよ。翌年安心して生活することができなくなってしまうよ、と。

考えてみてください、家康が元和偃武をなしとげるまでは、この国は二百年近く戦乱に明け暮れていました。しかし戦争の時代は終わりました（偃武）。お前たち大名の仕事は、戦争することではない、万民を安心して暮らさせ、働ける環境で生きさせることだ、そうしないとお前たちは生きる資格がないのだ――江戸城に詰めかけた大名たちに『翁』を見せることで、そう自覚させた。そうして江戸幕府は、継続可能な再生社会を実現したのです。『翁』を諸大名に鑑賞させた、という一つの出来事から、家康という稀代《きたい》の政治家の深謀《しんぼう》が伝わってきます。何より、米が給料として支払われていた時代、農民を守るのが武士の役目だ、と改めて意識改革をおこなったのだと思います。「国家百年の計」を立てた、ということです。

これは最初に覇を唱えた信長にも、それを継いで天下を統一した秀吉にもなかった発想かもしれず、文化・経済による統治を目指したのです。

◎「謡」が方言を超えて、日本の共通言語になった

源次郎　能楽が正式に式楽に制定されたのと同じ時期、参勤交代も制度として定まりました。

参勤交代というのは、「特産物を江戸に届けよ」という儀式でもあるわけです。つまり、全国各地の大名に「おのおの領民を督励《とくれい》して特産物を作らしめよ」と命令したのです。当時はまだまだ全国規模の流通網はありませんから、今でいう「地産地消」として全国各地で特産品に力を入れるようになった。これが全国の経済と文化を非常によくしていきました。

一方、能楽が武家の式楽に制定されたことで、全国に読み書きのできる人が増えました。お能の基礎は謡、謡曲です。これをどのように習うかといえば、要は謡のできる人に弟子入りして、謡本を見ながら、先生のお手本にしたがって謡い、覚えていくのです。

――よく「江戸時代は識字率《しきじりつ》が大変に高かった」といわれますが、当初は、文字を読み書きできたのは神官・僧侶や医師などの知識層と、庄屋・名主・行事など村役人と呼ばれる統治層だけだったそうですね。

しかし武家が皆、謡を習うようになると、それを真似て、農民や町人など庶民も謡をするようになった。庶民も謡本を手にすることになり、その結果、読み書きをするようになったのですね。

謡本はくねくねとした筆書きの連綿《れんめん》体で書かれていますが、じつは木版の印刷物です。あれを職人さんは版木に反転させて浮き彫りにするのだと聞いてびっくりしました。

源次郎　全国で謡本の需要が増えたことで、現在観世流の謡本を出版している檜《ひのき》書店、その前身である「山本長兵衛」が京都で大変な勢いで謡本を印刷し、全国に広めました。版木を彫ったり刷ったりする職人さん、印刷の技術も高まりました。

――活版印刷が発達した結果、まず元禄《げんろく》時代（一六八八年〜一七〇四）に上方《かみがた》の浮世草子《うきよぞうし》（井原西《いはらさい》鶴《かく》など）が成功し、次に文化《ぶんか》・文政《ぶんせい》年間（一八〇四年〜一八三〇年）に江戸の滑稽本《こっけいぼん》（十返舎一《じっぺんしゃいっ》九《く》など）や読本《よみほん》（曲亭馬琴《きょくていばきん》など）が庶民に広く読まれるようになりました。浮世絵の隆盛も出版・印刷技術ぬきには語れない、ということですね。

今日の日本でも、世界でもまれに見る量の本や雑誌が刊行されています。出版文化の盛んな国なわけですが、その基礎を築いたのは、もしかすると江戸時代の謡本ブームだったのではないでしょうか。

源次郎　もう一つ、謡は重要な役目を果たしました。

日本は東西・南北に細く長く、案外と広い国です。お国言葉、またはお国口《ぐち》、つまり方言が各地で発達し、たとえば当時の津軽《つがる》（現・青森県西部）の人と薩摩《さつま》（現・鹿児島）の人が方言全開で話すと、とてもお互いに理解することはできなかったでしょう。現代ではラジオ・テレビ放送が共通語をあまねく普及させたのでこのようなことはないでしょうが……。

当時困ったのは、参勤交代で江戸にのぼる武士たちです。

大名たちの江戸屋敷は、今でいうと各国大使館のようなものですから、江戸詰《づめ》の武士はたとえ下級であっても大使館職員。一人ひとりが大名家の名誉を担った存在で、うかつに恥をかいたりしてはなりませんでした。まして、他家と連絡し合ったり、幕閣に請願・陳情をおこなったりする外務官僚のような重臣は、今日の外交官と同じ、高度な政治力・情報力、そして文化力が求められます。

――現代の大使館員でも、英語も話せないのに海外赴任なんてあり得ないですよね。当時の武士たちも、江戸の言葉、他国の言葉がわからない、などと言ってはいられなかったでしょう。

しかし、もともと武士同士には共通語はなかったそうですね。戦国時代や江戸時代のはじめなどには、皆がそれぞれ、生まれた土地の言葉を話していたのだと。

徳川家譜代《ふだい》の大名やその家臣団は、彼らの故郷である三河《みかわ》（現・愛知県東部）の方言で「おみゃー（お前）」「えらい（苦しい）」「うみゃー（美味しい）」などと話していた、と聞いたことがあります。

ですから、地方に封ぜられた譜代大名の藩では、その地方の方言と三河弁とが交じったりしたのだというのです。

たとえば、私（聞き手）の故郷は備後福山《びんご》（現・広島県）ですが、江戸初期に徳川家譜代の重臣・水野勝成《みずのかつなり》が封ぜられ、三河弁を話す家臣団を連れてやってきました。彼らの言葉と広島弁の混合が備後弁となった、そのため隣の岡山弁（池田《いけだ》藩）や広島弁（浅野《あさの》藩）とは少し違うのだそうです。


源次郎　江戸城中でも、譜代大名が詰める溜《たまり》の間や帝鑑《ていかん》の間※では三河弁が使われたかもしれません。しかし、遠国の大大名が詰める大広間※ではどうだったでしょう。

薩摩島津《しまづ》家と陸奥伊達《だて》家、肥後細川《ひごほそかわ》家（現・熊本県）、筑前黒田《ちくぜんくろだ》家（現・福岡県西部）、安芸《あき》浅野家（現・広島県西部）、肥前鍋島《ひぜんなべしま》家（現・佐賀県、長崎県の一部）、長州毛利《ちょうしゅうもうり》家（現・山口県西部）などなど国持《くにもち》の雄藩が並んで控える大広間……彼らがお国言葉で話すと、まず互いに通じることはなかったでしょう。

ではどんな言葉で話していたのか？

これがじつは、「にてそうろう」「ござる」「かしこまり申した」「かたじけのう」「心得た」

などの〝謡曲や狂言《きょうげん》の文言をなぞった共通語〟が使われていたのです。

いま私たちが「武家の言葉」だと思っている、時代劇の、侍の話し言葉のほとんどが、じつは謡曲・狂言の詞章の「候文《そうろう》」からできているのです。

言葉が互いに通じるには、同じ発声・発音・語彙《ごい》を双方が使えなければなりません。能、謡曲は「武家の式楽」ですから、全国の大名から末端家臣まで、皆、謡曲を謡い、暗誦《あんしょう》しています。

逆にいえば、ラジオやテレビなどのメディアがない江戸時代は、能だけが全国隅々まで浸透したマスメディアだったのです。この謡曲の詞章を頭に刻みつけることで、武士たちは方言ではない、全国共通の語彙や語感を身につけていったということです。

この「謡曲が共通語」という状況は明治のはじめまでも残っていたのです。明治政府が学校教育を全国統一するまで、他国他郷の人と話すには皆が謡曲を参照していた、ということですね。

※溜の間・帝鑑の間＝溜の間は将軍のいる奥にもっとも近い、家門や一部譜代大名の最高席。帝鑑の間はその他の譜代大名や、外様から譜代となった御願譜代、新規取立の大名席。
※大広間＝一国以上を治める国持大名やそれに準ずる大大名の席。官位四位以上の外様大名と親藩藩主も含まれる。

家康は、能を幕府で正式に採用することで、武士の言葉までもデザインしたのです。

◎『石橋《しゃっきょう》』——能楽師が〝ゾーン〟に入るとき

源次郎　あるとき、狂言師の野村萬斎さんが「オリンピック選手がいい記録を出すときは〝ゾーン※〟に入るという言い方をされている」と話しておられました。なるほど、「ゾーンに入る」というのはよい表現だなと思いました。

私たち能楽師も舞台に臨んでいるとき、そういう〝ゾーン〟に入ることがあるのです。

面白いことに、何十年も稽古しないとこの境地に至らないかといえば、そうでもない。子どもでも〝入る〟ことがあります。

舞台には魔物が潜んでいるといわれますが、「この子はもう完全に入っているな」と思うときがある。そういうチャンネルを開くことができる子どもは羨《うらや》ましいです（笑）。

——だからお能では、『国栖』や『花筐』の天皇、『船弁慶《ふなべんけい》※』の義経《よしつね》など、常人とは違う貴人を子どもが演じるのでしょうか？　もちろん、子方さんは稚児《ちご》や娘といった子どもの役もされるのでしょうが、舞台でお子さんを見ると、じつに特別な感じがします。

源次郎　さまざまなケースがありますね。逆に、どれほど修練を積んでもその感性がにぶい人もいます。最初のうちは技術をなぞっているだけだからです。

ただ、その技術を存分に出せる奇跡が起きることがある。そこが反復する藝能の面白さですね。

子どもの頃や、若いうちに経験しておいたほうがいい曲、というのがあります。

たとえば『石橋《しゃっきょう》』がそうです。

『石橋』は、中国の霊山にある石の橋を渡れば理想郷（浄土）がある、という話ですが、誰もその橋を渡ったことがないので理想郷はあるともないともわからない。それでもそれを求め続けるという、人間の業《ごう》が集約されている作品です。

※ゾーン＝精神が超集中状態になり、「何もかもうまくいく」という感覚になる、無我の境地のこと。フロー、ピークエクスペリエンス、忘我状態ともいう。

※『船弁慶』＝平家を討伐したのち、兄・頼朝《よりとも》に疑われて追われる義経一行。摂津国尼崎の大物浦で愛妾の静御前《しずかごぜん》と別れ、西国へと向かう海上で平知盛《たいらのとももり》の亡霊と戦う。大きな動きや長刀《なぎなた》での立ち回りなど派手な曲目で、人気が高い（２１９頁参照）。

石橋
猩々↓12p
小鍛冶↓14p

【石橋】あらすじ

中国・インドを遍歴する寂昭法師《じゃくしょうほうし》（大江定基《おおえのさだもと》）が中国の清涼山《しょうりょうぜん》で木樵の少年と言葉を交わすうち、石橋の向こうに文殊《もんじゅ》菩薩の使いである獅子が顕《あらわ》れて舞う。豪華な獅子の舞いが祝祭を思わせる、人気の曲。

源次郎　主役は人間ではなく、文殊菩薩を乗せる獅子です。お能の主役＝シテは亡霊や狂女、あるいは鬼、神霊であるとか、人ならざる者が多いのですが、動物・霊獣が主役になることもあるのです。その代表が『石橋』で、ほかに『猩々《しょうじょう》』『鷺《さぎ》』などがあります。また『小鍛冶《こかじ》』のシテは稲荷大明神の御使《みつかい》の霊狐ですし、『鵺《ぬえ》』『土蜘蛛《つちぐも》※』のような妖怪が主役になるものもあります。

『石橋』は異界、本能で生きる動物の世界を演じることによって、人間にもある獣の部分を気づかせてくれる。あるいは、何か超人間的なものを生み出すには、人間の中にある獣の部分が動かないと、この山は乗り越えられない、ということかもしれません。

〝けもの偏〟のつく役、つまり獅子のような霊獣の役は、能役者がまだ子どものうちに演じて、身体感覚として身につけておくのがいいのです。そうすればしっかりと内面に残っていく。頭で考えてわかるのとは違った面白さがあります。

大人になってからそれを習った人は、悲しいかな、最初のうちはどうしても頭でやる演技・演奏しかできずに、突き抜けるまで苦しみます。動物的な感覚を持っているあいだに身体に覚えさせてしまう、というのがとても大事なことなんですね。

ところが、子どももその成長過程で、そういう神的な部分は消えていってしまうわけです。そうなってのち、生の男と女の表現をどこまで技術でカバーできるか、子どもの頃に培《つちか》った感性がどこまで失われずにいるか、そしてまた違う段階のステージに進めるか、が問われる。またゾーンに入れるかどうか。

それができる人にしてもゾーンに入れる確率は、十発十中ということはないでしょう。ですから天才にも苦悩はあるわけで。

ただし、私は父（十五世宗家・大倉長十郎）から、どんな舞台でも絶対に捨ててはいけない、と教えられてきたのですね。今日はどうもバラバラで息が合わない、ダメかもしれないという

※『猩々』『鷺』『小鍛治』『鵺』『土蜘蛛』＝それぞれ人間ならざるものが主役の曲。猩々は海中に棲《す》む謎の動物、鷺は五位鷺、小鍛治は稲荷明神の眷属《けんぞく》であるきつねが化けた刀鍛冶、鵺は猿・虎・蛇などが合体したキメラ様の妖怪、土蜘蛛は蜘蛛の妖怪。

ときでも、何かの拍子に全員のスイッチが入ることがある。奇跡はそこで生まれるわけです。逆に、このメンバーなら完璧、鉄壁、と思いながら演じていても、まったく〝そこ〟に至らないこともあるのです。終わってみて、残念でした、というような。ですから怖いのです。

私たちが舞台の上で〝ゾーン〟に入るときというのは、結局「何かとつながる」ということだと思うのです。〝ゾーン〟に入ったとき、能役者の肉体を通して、もしくは音を通して、演者皆がタイムトリップした空間には、間違いなく何者かの霊などが顕れている。つながっていると感じるわけです。

能の舞台では、そういうスリルを実際、感じるときがあります。頭で、理論で、知識で、ご覧になられる方にはなかなか気づいていただけないと思います。

能は、きわめて抽象化されているように見えて、一方ではじつは具体的なのです。ですが再現ドラマというわけでもない。いってみれば、古代の人の〝依り代〟となって、舞台の上で〝成り入る〟ことを繰り返しているといえます。

結局、藝能者たちが何を伝えたかったか、を直感的に体感するものなのです。

舞台は嘘、フィクションなのです。ですが私は、嘘だからこそ逆に真実が伝わる、と思っています。藝能者たちは昔からそうしてきました。現実にはあり得ない真円《しんえん》も、舞台上では「これが真円だ」といえば真円が現出するわけです。

たとえば『仮名手本忠臣蔵《かなでほんちゆうしんぐら》』※は、つい先頃あった事件を足利時代に置き換えて演じていて、真実とは違う。ですが、そうすることで伝えたかったものがあるのです。

虚構の中からヒントというか、作者や演者のメッセージを受け、新たな自分と出会うのが、能の面白さだと思います。

演出家の鈴木忠志※さんが「虚構の真実」ということをおっしゃっています。虚構の舞台上で真実を伝えられる、真実を見せることができる。それは藝能者に与えられた特権なのです。

◎魂魄《こんぱく》の記憶

源次郎　『翁』が表現しているのは天地開闢、ビッグバンです。これを演じ続けるというのは、

※『仮名手本忠臣蔵』＝元禄十五（一七〇二）年、吉良上野介義央《きらこうずけのすけよしなか》邸を赤穂《あこう》藩・浅野内匠頭長矩《あさのたくみのかみながのり》の遺臣たちが襲撃し、吉良を討ち取った事件（赤穂事件）を舞台化した、義太夫浄瑠璃、または歌舞伎の作品。時代設定を室町幕府初期に移し、人物の名前を変えている。仮名手本とは、四十七士をいろは四十七文字になぞらえたもの。寛延《かんえん》元（一七四八）年初演。

※鈴木忠志＝演出家（昭和十四・一九三九年〜）。劇団「早稲田小劇場」（現・「SCOT」）をはじめとする活動で、唐十郎・寺山修司らと並び新しい演劇を開拓。『リア王』『ディオニュソス』『エレクトラ』『流行歌劇カチカチ山』ほか演出作品多数。

始まりはここです、ですから皆さんくだらない喧嘩などやめましょう、というメッセージだと思うのですね。天地開闢に思いを馳《は》せる、ビッグバンからの記憶が翁藝能には内包されています。

記憶には、細胞のタンパク質の中に宿るものと、もう一方の意志や意欲として顕れるものとがあるわけです。それを「魂《こん》」と「魄《はく》」に分けて考えます。魂が根源的な直感とすれば、魄はその時の感情や意志的なものだといえます。合わせると「魂魄《こんぱく》」という言い方になります。

私は、タンパク質中のDNAには、すべての有機物が共有しているビッグバン以降の記憶が入っているのではないか、と考えています。それを権現思想は「山川草木悉皆成仏」と言ったのかもしれません。食物連鎖ですべての命がつながっていると考えることもできる。また、宇宙誕生、天地開闢、地球誕生、そして水が生まれ、生命体が生まれ、あらゆる有機物が水を記憶メディアとして共有している、文字に書き表せない厖大《ぼうだい》な記憶を伝えている、と考えたなら。

大乗仏教に阿頼耶識《あらやしき》※という考え方があります。存在の根本にあり、ふだんは意識されることがない最深層の識、なのだそうです。これなども、DNAに含まれる全生命体の共有意識のように思われます。

人間は雑食ですから、植物の葉や茎、果実、穀物、肉や魚といったさまざまなものを食べる。これらがヒトのDNAの中で重層的に交錯《こうさく》しているのではないかと思うのです。消化されて、どれほど純粋なタンパク質やアミノ酸になったところで、その前から引き継いでいるものがあるのではないか。とすると、太古からの記憶の連鎖もまたあり得るのではないでしょうか。

反対に、人間個人が行動したことによって生まれた思いがある。「あの人と一緒になりたい」とか「あいつを殺してやりたい」とか。これは魄霊《はくれい》です。有機物としてのヒトから離れて、物や場所などに執着して留まってしまうことがあるわけですよ。怨念を込めたものを相手のところに送る、呪い殺してやる、といったことは魄霊のなす所業でしょう。

能にも怨念や執着を描いた曲がたくさんあります。二番目物といわれる「修羅能《しゅらのう》」は武人たちが主役ですが、戦いに執着し、死後も修羅道に落ちて苦しみながら戦い続ける魄霊たちの姿を描いています。

謡曲『朝長《ともなが》』のロンギ※に、「魂は善所に赴けども。魄は。修羅道に残って」と謡われるのが

※阿頼耶識＝大乗仏教の認識論哲学の概念。人間存在の根本にあるが意識されない感覚とされる。眼識・耳識・鼻識・舌識・身識・意識・末那識《まなしき》・阿頼耶識の八つの識の最深層。

※ロンギ＝謡曲の構成の一部。曲をさまざまな小段（パート）に分けたとき、役と役とが一問一答の形で掛け合いながら謡う部分を指す。小段は「クリ・サシ・クセ・ロンギ・中入」などに分類される。

これなのです。

こういう心理分析というか、あらゆる現象を分析していくのは、仏教の中でも能のスポンサーとなった興福寺の法相宗《ほっそう》なのです。阿頼耶識も法相宗の説くものです。法相宗は三世紀から十世紀頃にアジアで大変な勢力をもちました。

興福寺の開闢が和銅《わどう》三（七一〇）年、清水寺《きよみずでら》が宝亀《ほうき》九（七七八）年、韓国のソウルに法相宗の寺院・奉恩寺が建ったのが七九四年。私も参詣《さんけい》しましたが、じつに立派な、清水寺と同じような伽藍《がらん》の寺院でした。日本にも朝鮮にも、いずれ劣らぬ法相文化があったわけですよ。

ところが高麗《こうらい》から李氏《りし》朝鮮に至るうち、王朝は仏教の権力を削《そ》いでいきました。あげくの果てに儒教を取り入れて仏教を排斥《はいせき》します。廃仏毀釈《はいぶつきしゃく》です。これが十四、五世紀の朝鮮半島の仏教弾圧。

朝鮮半島の伝説ではそのとき仏教勢力は山間部に逃げ込んだ、としています。じつは、手に持てる大きさの仏像を持って、大勢日本にやってきた。九州、瀬戸内、奈良、京都の法相宗の大きな寺院を頼って、みんな逃げてきたのではないかと思います。

ですから十四、五世紀に建った日本の法相宗寺院のなんと多いこと。朝鮮を逃げ出してきた人たちが、三国伝来の仏像を大事にお祀りして建てた室町開基のお寺は大変な数になります。これが法相寺院。言い方を換えれば、戦を逃れた大陸からの難民僧たちが「もう戦はこりごり」と、日本の仏教文化の一端を担っていくことになったのではないか、ということです。

◎古代仏教寺院で展開された、世界最先端芸術ショウ

源次郎　以前にソウルでの催しに参加しましたら、どこだったかよいホテルにお泊めいただいたのですが、そのすぐ裏手が由緒《ゆいしょ》のある、元は法相宗の寺院だったのです。参詣したおりの、僧侶たちの唱える声明《しょうみょう》には思わず聴き入ってしまいました。般若《はんにゃ》経だと思うのですが、赤を中心とした極彩色の伽藍の中での声明はもうエンタテインメントのショウのようでした。

これは唐代の法相寺院からしてもそうで、玄奘三蔵《げんじょうさんぞう》が開いた大寺院でも、若くてアイドルのような僧侶たちを一堂に並べ、揃った美声で読経させていたそうです。

日本においても、六世紀の仏教伝来から十二、三世紀までの大寺院では、スーパービッグショウをおこなったのです。大仏開眼供養のアジア音楽祭を再現するような。大衆は、「今度はあのお寺に素敵な坊さまが登場するぞ」などと、狂喜して押し寄せたわけです。

私が参拝したソウルの寺院は、私たちの仏教は本物だ、と言っているニューウェーブの宗

派なのだそうです。そして韓国二千年の歴史の中で正統な仏教を復興するべく布教している、とも伺いました。

というのも、李朝時代に激しい廃仏毀釈で仏像を捨て、伽藍を壊しているため、古いお寺でも、祀られているのは新しい仏像ばかりなのです。本来なら三国伝来のありがたい仏さまがあったはずなのに、そういう古仏は難を逃れて日本を含むアジアの周辺国に行ってしまったわけです。

ですがこういう寺院の彩色を見るとハッとしますね。談山神社《たんざんじんじゃ》（口絵ⅳ、ⅴ頁参照）と同じだ、と。まさしく同じ仏教圏だなと。

あるいは復元された薬師寺、斑鳩の法隆寺などの伽藍も落成時には今のような枯淡《こたん》の趣《おもむ》きではなく丹塗《にぬ》り（朱塗り）だったといいますから、色彩感覚から共有されていたのです。それをこちらが古い、あちらは新しい、などと無駄な争いをしているわけですよ。比較する必要などまったくありません。

談山神社は神社とはいいますが、実際は神仏習合の寺院です。十三重塔や講堂、祠堂は仏教寺院のものにほかなりません。本尊は秘仏の如意輪《にょいりん》（救世《ぐぜ》）観音。これは謡曲『弱法師《よろぼし》』に謡い継がれていますが、仏法最初の四天王寺と同じです。

観阿弥や世阿弥が拝んでいたであろう仏さまなのですね。

彼ら大和四座、観世・宝生・金春・金剛の能楽師は、みな多武峰《とうのみね》に発する寺川流域から出たのです。

この川に流れ込んでいる支流には、賀茂《かも》や初瀬《はせ》や、飛鳥《あすか》の蘇我《そが》や、物部《もののべ》、葛城《かつらぎ》や橘などの諸族、あるいは天照大神《あまてらすおおみかみ》を祀る氏族らの根拠地があった。それらが桜井市の東、多武峰に発する寺川に流れ込み、法隆寺のあたりで大和川となって、末は大阪湾に流れ込む。

法隆寺のあたりというのは大和の川の集結地点なのです。寺川から大和川になるあいだにさまざまなものが入ってくる。これぞまさしく、天皇家を軸にして、藤原、蘇我、物部などが奈良盆地に集結する、日本古代史の縮図がこの川の流れに集約されている。というのが歴史地理学者の千田稔※先生が発見された地理的状況です。

外来の部族が移住してくるときには、まず水がきれいな土地を探すわけです。その水源に神さまや仏さまを祀り、下流に部族が集住して田畑を広げる。その中には陸の畑で五穀を作る文化もあれば、単一作物の水田稲作もあり、さらに進んだ苗床《なえどこ》水田もある。深田もあり浅田もあり、とさまざまな文化が隣り合っていく。世界芸術祭のもとになる、さまざまな藝能者たちの村があちらこちらにできる。

※千田稔＝歴史地理学者（昭和十七・一九四二年〜）。国際日本文化研究センター名誉教授。『飛鳥　水の王朝』『古代日本の王権空間』など著書多数。

もう一つ、朝鮮半島側からいうと多武峰は「道教のタオの峰」ではないか、と。あちらでは道教の神さまを祀っているところは「タオの峰」という言い方をするようです。

◎能はさまざまな民族と歴史の藝能を採り入れたミュージカル

源次郎　本書でお話ししている歴史は、けっして宗教学者や歴史学者の方々が認める学説などではありません。藝能者としてずっと伝わってきた曲を演じ続けることで感じてきたことなのです。

口承文学と同じで、身体で演じ続けていることの強みがそこにあります。

そんないい加減なことを語っていいのか、とお叱りをいただくかもしれませんが、能自体、かかわった人の数だけ解釈が生まれる藝能なのですから。

能は虚構の中で史実を伝えたり、ロマンを広げたり、さまざまなことをしていますが、劇空間というのはそもそも虚構です。ですから中国では「狂言綺語《きご》」として、小説や作り話は道理に合わない言葉、虚飾の言葉だ、として賤しめられ、かわりに特権を得たのです。

この感覚は日本にも入ってきまして、狂言綺語の藝能者たちへの身分差別にもつながっていくのですけれど。

能楽に先行する藝能はさまざまですが、たとえば「記紀《きき》」神話に出てくる海幸彦《うみさちひこ》・山幸彦《やまさちひこ》の俳優の芸の話はそれを伝えたものでしょう。

兄・海幸の釣り針を借りてなくした弟・山幸は、兄から無理難題を押しつけられ、海の底まで釣り針を探しにゆきます。しかし山幸はその真心で海底の女神に気に入られ、釣り針と霊力のある珠《たま》をもらって帰還します。そして兄と再び対決し、破ります。兄は弟に服属し、ふんどし姿で顔に赤土を塗り、水に溺れるさまを踊ってみせる「わざおぎ（俳優）」「俳優者《わざおきひと》」となって子々孫々、勝者に仕えることとなった、という話です。

この神話では、藝能者は敗者の末裔《まつえい》であり、身体を汚し、滑稽な踊りをし、権力者に隷属《れいぞく》したように描かれています。もともとは特権階級だったのに、身分制度で貶《おとし》められ、下に追いやられた、という意味でしょう。そういう藝能民たちが演じたり踊り続けてきたものが、あるとき現れた、観阿弥や世阿弥のような優れた人によって、集大成されていくのです。ですから『土蜘蛛』『大江山』などの主役には負けたほうを据えるともいえます。

観阿弥や世阿弥は、さまざまな部族のさまざまな藝能を採り入れて、総合芸術をつくり上げたのです。ベースは当時流行っていた曲舞《くせまい》※とし、ある場面は平安時代からある白拍子《しらびょうし》※、ある場面は鎌倉時代に武士や僧侶に流行った早歌《そうが》※、という具合に採り入れていった。そして能は、歌あり、踊りあり、台詞《せりふ》を用いたお芝居ありの、今の音楽劇になっていったのです。

欧米のミュージカルは、ここにはハンガリー民謡、ここにはロシア民謡をと、旋律やリズムパターンを他ジャンルから拝借したりしながら、面白くしていきました。能でもそれと同じことが起きたのだと思います。

大和という土地はそういう民族の坩堝《るつぼ》だったのです。さまざまな民族が持ち寄った文化の中に藝能もあった。一番近い隣国の朝鮮のもの、欽明《きんめい》朝の五六〇年頃に渡来してきたインドの人たちの音楽もあったでしょう。

たとえば古典インド音楽では最後が一拍で打ち終わるのですが、それは能楽も同じです。仏教が入ってくるときにインドや経由地のシルクロード、ベトナム等の音楽も絶対に入ってきているはずなのです。そうして天平勝宝四（七五二）年の大仏開眼法要（アジア音楽祭）を迎えるのです。シルクロードの東の端に世界の音楽が集結したわけです。

能楽師としてずっと演奏してきたことで、そこまでさかのぼれる実感、歴史とつながっている感覚が生じました。歴史の中でお能がどう形づくられていったか、それぞれの曲がその時代とどうかかわっていったか、現代の私たちに何を伝えているか、劇空間の中に身を置いていると、そういうものが体験として伝わってくるのです。

ただし、これが宗教行事として伝えられたことが、世界のエンタテインメントやミュージカルと違うところですね。

◎「翁狩衣《おきなかりぎぬ》」と蜀江錦《しょっこうのにしき》、バチカン

源次郎　一つ面白いものをお目にかけましょう。三世紀の中国、三国時代の地図（195頁参照）です。大陸南東に呉《ご》の国が、その西に蜀《しょく》の国があります。

ここで蜀江錦《しょっこうのにしき》（しょっこうきん）という織物を作っていました。蜀の国、今でいう四川省に伝わる伝統紋様です。これが蜀の国から呉の国に伝わり、日本に入ってくると「呉服」と呼ばれました。和服のことを呉服といいますね。その原型です。

この紋様が、じつは『翁』を演じるときに必ず着用する、と決められた装束のデザインなのです。「翁狩衣《おきなかりぎぬ》」と呼ばれています（口絵vii、195頁参照）。蜀江錦は、唐が舞台の演目である

※曲舞＝中世の踊り藝能の一つ。南北朝から室町時代の最新流行で、のちに幸若舞《こうわかまい》へと発展した。

※白拍子＝平安時代末期に流行った歌と舞。男装の遊女や子どもが今様や詩歌を吟じながら舞った。白拍子・素拍子とは無伴奏のこと。これを舞う遊女も白拍子と呼ばれた。

※早歌＝鎌倉時代の武士・僧侶・貴族に流行した歌謡。はやうたとも。七五調を基本とした長編の詞章を無伴奏の速いテンポで歌う。

『邯鄲《かんたん》』の唐人などが着用しますが、日本が題材の曲には用いられません。

もう一枚、写真をご覧ください（口絵ⅶ、195頁参照）。これはローマのバチカン宮殿に隣接した大聖堂の天井です（バチカンのサン＝ピエトロ大聖堂は四世紀に創建。一五〇六年に改築が始まり、一六二六年完成）。

バチカンの天井というとミケランジェロの「天地創造」のような天井画を連想しますが、このような抽象的な幾何学紋様もあるのです。

よくご覧ください。八角形と四角形の組み合わせですね。

私がはじめてこの天井の紋様に気づいたのは昭和六十三（一九八八）年、バチカンに能の奉納に伺ったときです。それ以来、この紋様が頭から離れませんでした。

この写真は、平成二十九（二〇一七）年に宝生流・金剛流合同バチカン勧進能に行かれる方にお願いして、撮ってきていただいたものです。

どうです、翁狩衣とまったく同じ紋様でしょう。

蜀の国は中国でも内陸の峻険な山々に囲まれた、厳しい環境の地域、いわゆる秘境です。たとえばここに棲息するパンダも、一八六九年にフランス人宣教師に発見されるまでは知られていませんでした。

しかし、まったく外界と隔絶していたわけではありません。むしろ、内陸のシルクロード

■三世紀の東アジア（三国時代）

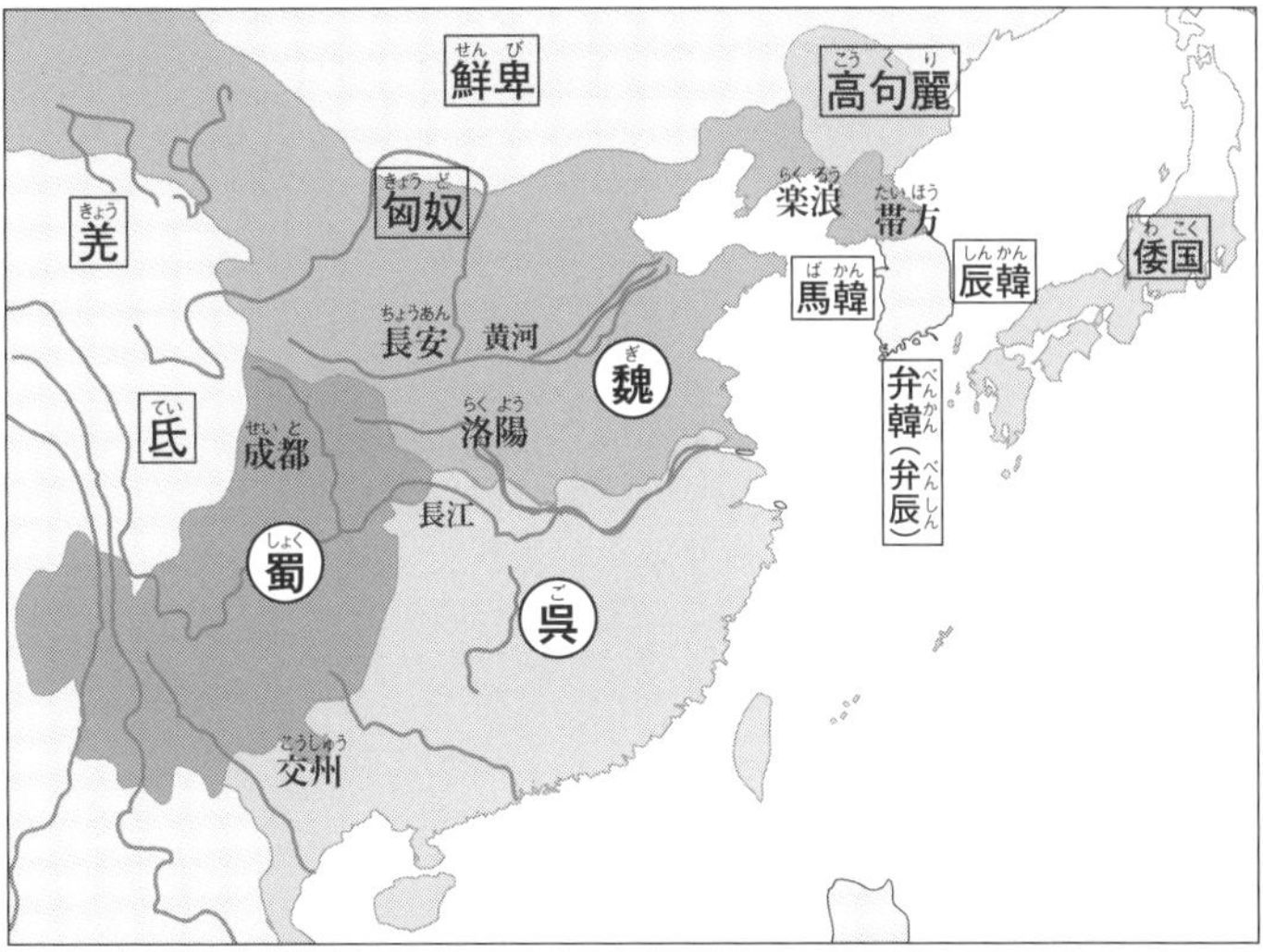

■翁役の装束「蜀江錦」の狩衣

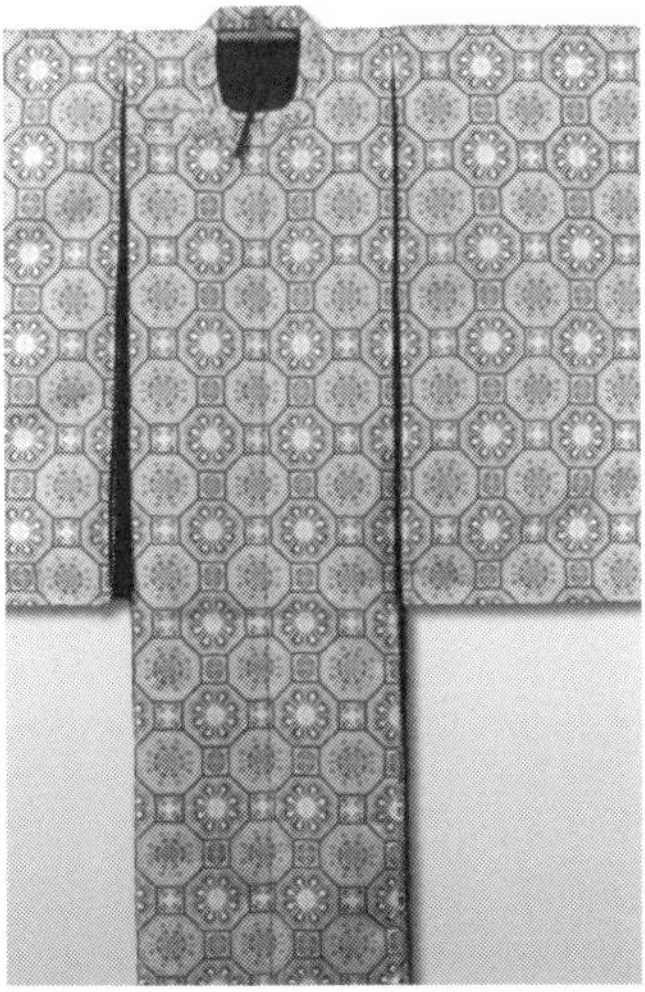

■サン＝ピエトロ大聖堂の天井画

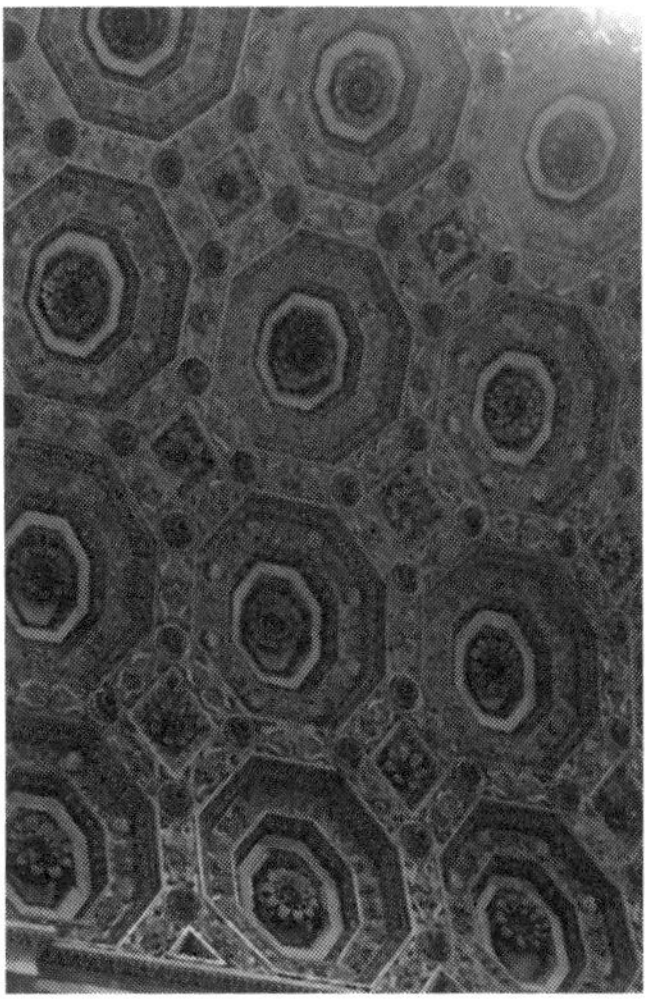

（写真：著者蔵）

を通じてはるか西のローマ帝国やペルシア帝国の物産・文化が入っていたのです。

その証左が、この大聖堂の天井と翁狩衣の紋様ではないでしょうか。

私は、この八角形と四角形の組み合わせの紋様は、ローマから東へ伝わり、蜀の国で蜀江錦の代表的な紋様となって織られ、呉の国を経由し、機織《はたお》りの技術とともに日本へ渡来した、と考えています。地中海文化が中国を経由して日本に伝わったのだと。

錦の紋様だけが日本に伝わったのでしょうか。いえ、これらを含む文化全体が行き来していたに違いない、と私は思います。

宗教では、景《けい》教の影響が大きかったのではないかと思うのです。


――ここで少し時代背景を挟ませてください。

景教は、キリスト教の古い宗派であるネストリウス派※の中国での呼び方ですね。中国では七世紀の唐代に景教が大流行し、大秦寺《だいしんじ》という教会も建てられました。

ここでいう「大秦」とはローマ帝国のことですね。

ちなみにローマ帝国は四世紀末に東西に分裂し、五世紀には西ローマ帝国は滅んでしまいましたから、残ったほうの東ローマ帝国が「大秦」にあたります。

始皇帝が治めた「秦」と同じ字なのですが、ローマ帝国の「大秦」と王朝名の「秦」は関係があるともいわれています。

秦代の前史春秋戦国時代（紀元前七七〇年〜紀元前二二一年）は、古代中国で農耕が普及して生産力が上がり、人口が増えた最初の時代でした。人口が増えて力を蓄えたグループが各地に勃興し、国を造ります。その中でまず周《しゅう》王朝が有力になり、春秋時代と呼ばれます。次に周が衰えて世が乱れると、戦国の七雄（斉《せい》・楚《そ》・秦《しん》・韓《かん》・燕《えん》・魏《ぎ》・趙《ちょう》）が割拠する戦国時代になります。

この時代は臥薪嘗胆《がしんしょうたん》や呉越同舟《ごえつどうしゅう》などさまざまな物語を生みますが、最終的にはもっとも西の端から興った秦によって全国は統一されます。秦は新興の遊牧民※グループでしたから機動

※ネストリウス派＝古代キリスト教の一教派。五世紀にコンスタンティノープル大主教ネストリウスが主導。カトリックの三位一体説とは異なる教義を持つため異端と認定され、ローマ帝国から排斥された。教徒たちはローマからペルシア帝国へ、さらに中央アジア、モンゴルの前身である遊牧民たちが住む草原地帯を経て、中国へと至った。現在はイラク北部や、そこからアメリカやオーストラリアに移民した人たちによってわずかながら存続している。
※遊牧民＝家畜とともに移動しながら暮らす民族。農耕に向かない厳しい土地を利用し、大集団で結束し、交易による商品経済を営み、実力主義や人材の尊重など先進的な傾向がある。軍事的な動員力、馬による機動力に富み、馬上から射る弓矢の攻撃力、一撃離脱戦法など戦争に強い。代表的な遊牧民族は、古くは西アジアのスキタイ、サカ、中央アジアの匈奴《きょうど》、フン、中国に進出して北魏・隋《ずい》・唐を建てた鮮卑《せんぴ》、隋唐を脅《おびや》かした突厥《とっけつ》、アジアを統一したモンゴルなど。

力に富んでいて、戦争に強かったのだそうです。

始皇帝の秦は一代で滅んで漢に取って代わられ、始皇帝の一族も滅ぼされたとされます。が、全中国を一代で統一するような大事業をなしとげた勢力が、一時《いっとき》で完全に滅ぼされたとは考えがたい。きっと旧根拠地である中国西方地域に引き揚げて生きながらえたのではないでしょうか。

そして漢代にシルクロードで中国とローマ帝国が結ばれます。紀元一世紀、後漢の時代には「使者を大秦に遣わした」との記述があります（『後漢書《ごかんじょ》』）。はるか西にある帝国に対して、中国の人は「大秦」という呼び名を与えたのです。

◎謎に満ちた聖徳太子と、太子を支えた秦氏

源次郎　三国時代が終わると蜀＝蜀漢《しょっかん》という国はなくなりましたが、蜀という呼び名は残りました。蜀江錦も作り続けられ、貴重品として日本にも西洋にも売られていきました。蜀とローマ・バチカンがつながっていた、ということは蜀江錦という証拠によってはっきりしています。

ではそれが日本に入ったのは？

翁藝能の原型になるものを日本に伝えたのは、渡来人※の一族、秦氏《はた》だといわれています。

秦氏は三世紀の応神天皇の頃に百済から日本に帰化した、あるいは五世紀雄略天皇の御代に新羅から渡来した、いや中国本土から渡来した漢民族系だ、などと謎に包まれた一族です。はっきりしているのは、先進的な知識や技術で飛鳥時代以降、大和朝廷を支える大きな力になったこと。人口が多く、戸籍記録に載っているだけでも数万人もいたこと。きわめて有力な豪族でした。

秦氏は大陸から、灌漑や陵墓造営などの土木技術、寺院や神社の建築技術、養蚕・機織り・酒造の技術、そして紙や楽器を携《たずさ》えてきました。秦＝機織り、の語源とも考えられます。飛鳥時代の秦氏で著名な人物は秦河勝《はたのかわかつ》です。蜂岡《はちおか》（今の京都市太秦とされる）を根拠地とし、最初の国宝となったことで有名な弥勒菩薩半跏像のある広隆寺を建てたのも河勝です。飛鳥の都からはずいぶん離れていますが、これは平安遷都の際、元にあった場所から遷座《せんざ》したからかもしれません。秦氏の氏寺ですから、秦氏が新しい都に移ればいっしょについて移るのです。

秦河勝が仕えたのが歴史に名高い聖徳太子です。本名は厩戸豊聡耳《うまやどのとよとみみの》皇子。令和三（二〇二一）年に歿後《ぼつご》千四百年を迎えます。

※渡来人＝主に四世紀から六世紀頃、古墳時代から大和王権の時代に大陸や朝鮮半島からやってきた人びとを指す。主な渡来系部族に、秦氏、東漢《やまとのあや》氏、西漢《かわちのあや》氏、西文《かわちのふみ》氏、司馬《しば》（鞍作《くらつくり》）氏など。律《りつ》宗の開祖・鑑真《がんじん》も渡来人である。

——厩戸皇子という名は、母親の間人皇女《はしひとのひめみこ》が臨月に宮中を歩いていたら、厩の前で生まれた、という伝説があるからだそうですね。また豊聡耳とは、十人の訴人から同時に話を聞いた、という伝説に拠ります。聖徳太子こそ古代の謎の中心、という気がしてなりません。

太子が建てた法隆寺の伽藍はなぜ現存しているのか。なぜ山背大兄王《やましろのおおえのおう》※はじめ一族が突然滅びたのか。『日本書紀』や『聖徳太子伝暦《しょうとくたいしでんりゃく》』、『上宮聖徳法王帝説《じょうぐうしょうとくほうおうていせつ》』にある数々の奇跡の記述は事実なのか。あまりに謎に満ちているので、聖徳太子＝実在しなかった説まで唱えられています（大山誠一中部大学名誉教授が代表的）。

奇跡の多さに、イエス・キリストを連想する人もいるでしょう。馬小屋※で生まれた、という伝説一つだけでも似てる！　と思ってしまいます。

たとえば『日本書紀』に、聖徳太子が片岡山を通ると飢えて寝ている人がおり、太子は憐《あわ》れんで食物と服を与えたが亡くなったとの報せがあり墓に葬った。数日後、太子が命じて墓を開けると遺骸はなく、畳んだ服が棺《ひつぎ》に置かれていた、という記事があります。

これなど、『新約聖書』にある〝ラザロの復活※〟とそこかしこが似ているのです。

源次郎　最近では、渡来人・秦氏とユダヤ民族には関係がある、といったこともイスラエルでは常識的に、日本でもオープンに語られるようになりました。とすると、聖徳太子の伝説にはなぜかキリスト教の影がつきまとっている、という謎も自由に考えてみてもいいのではないでしょうか。

がんばって考え続けてみましょう。

史書によると聖徳太子は歴とした皇族ですから、キリスト教と関係のある渡来人などではありません。では、太子という存在にキリスト教の影を投影したのは誰か。

太子ともっとも関係が深かった豪族は蘇我氏です。蘇我馬子は太子とともに『国記《こっき》』『天皇記《てんのうき》』を著《あらわ》していますし、太子自身、蘇我系の皇妃《こうひ》※の血を引いています。

※山背大兄王＝父は聖徳太子、母は蘇我馬子の娘、刀自古郎女《とじこのいらつめ》。蘇我蝦夷・入鹿親子により襲撃され、一族は滅亡した。

※馬小屋＝イエスが生まれたのは馬小屋ではなく羊などの家畜小屋あるいは洞窟である、という説や、もっとも古いイエスの伝記「マルコによる福音書」はイエスの青年期以前に触れていないので真相は不明、という説もある。

※ラザロの復活＝「ヨハネによる福音書」第十一章。イエスと親しかったラザロが病で亡くなり、葬られて四日経った。イエスはその死を悲しんで泣き、墓の前に立って「ラザロ、出てきなさい」と語りかけると、死んだはずのラザロが布に巻かれて出てきた、という。

※蘇我系の皇妃＝聖徳太子の母・穴穂部間人皇女は欽明天皇の第三皇女。母は蘇我稲目《そがのいなめ》の娘・小姉君《おあねのきみ》。蘇我馬子とは伯（叔）父・姪《めい》の間柄となる。

しかし聖徳太子と蘇我氏は一心同体というより緊張をはらんだ協力関係だったようです。互いに利用し合い、牽制《けんせい》し合う関係です。太子は天皇家の権威を、蘇我氏は豪族の権力を追求したので、本来的には対立したのだと思います。

太子の側近として重要な役割を果たしたのは秦氏、秦河勝でしょう。上宮王家《じょうぐうおうけ》※と まで呼ばれた聖徳太子の一族は、山背大兄王が蘇我入鹿《そがいるか》と対立したため、一族すべて滅んでしまいました。その後我が世の春を謳歌《おうか》した蘇我氏も、乙巳《いっし》の変（大化の改新）で入鹿は殺され、蝦夷《えみし》は自害し、蘇我宗家は滅びます。

蘇我氏の中には中大兄皇子《なかのおおえのおうじ》・中臣鎌足《なかとみのかまたり》側に協力した石川麻呂《いしかわまろ》という傍系有力者もいたのですが、のちに謀叛《むほん》を疑われて自害しています。蘇我氏も滅びてしまったのです。

多くの氏族が聖徳太子と深くかかわっていますが、そのひとつが秦氏なのです。

※上宮王家＝聖徳太子は上宮法皇とも呼ばれ、長男・山背大兄王を中心とする一族を上宮王家と呼んだ。太子の遺徳を称《たた》える意味がある。しかし大兄王（皇子・皇位継承最上位）といっても実際には次期天皇に内定していたわけではなく、実の母の兄であり有力な後援者となるはずの蘇我蝦夷が対立候補の田村皇子《たむらのおうじ》を推しているなど、不安定な立場だった。権威はあっても権力はない状態が、「上宮王家」という不思議な呼称になったのではないか、との説がある。

①2012年6月、イスラエルを訪問。エルサレムを背景に
②ユダヤ教の聖地「嘆きの壁」
③④死海にて

◎秦氏が残した謎のメッセージは、今も能の中に生きている

――とすると、聖徳太子の生涯に見え隠れする数々の奇跡の意味もわかってくるかもしれません。すでに滅びてしまった聖徳太子とその一族を顕彰《けんしょう》し、遺徳を語り伝えたのは、秦河勝以降の秦氏にほかならないわけですよね。

秦氏にとっては、聖徳太子が偉大な聖人であればあるほど、それを支えた河勝も偉かったということになるからです。太子がすばらしい聖人で、数々の奇跡を見せた、その奇跡は日本や中国風ではなく何となくキリスト教風である。なぜなら、太子を崇《あが》め、奇跡の伝承をした秦氏が景教を信仰のバックにもっていたから、ということではないでしょうか。

秦河勝の系統が日本に景教＝キリスト教ネストリウス派の信仰をもたらし、さまざまな影響を残したとしたら、聖徳太子の伝説が聖書の福音書的な雰囲気を帯びていることと関係があるのでは、と考えても不思議ではないですよね。

秦氏が建立した氏寺・広隆寺が現在あるのは京都市太秦です。大昔はもっと飛鳥の都に近かったそうですが、何度も移転したあげくに太秦に遷座したといわれます。なぜここを太秦といい、広隆寺の別名は「太秦寺」なのか。それはまさしく、唐の長安にあった「大秦寺」と同じだからでしょう。

広隆寺は景教のお寺、「太秦寺」だった、といわれる由縁です。

源次郎　ここでもう一度『翁』に注目してみましょう。

『翁』は三人の人物によって舞われる曲です。まず「千歳《せんざい》」という、直面（素顔）の若い男。次にシテの翁ですが、白い面をつけるので「白色尉《はくしきじょう》」と呼ばれます。最後に狂言方が舞う「三番叟《さんばそう》」です。狂言方は前半は若い男の姿で「揉之段《もみのだん》」を踏み、後半は鈴を持って「鈴之段」を踊ります。これは黒い面をつけるので「黒色尉《こくしきじょう》」。白いお爺さんと黒いお爺さんと若い男、の三人なのです。

この組み合わせで何かを連想しませんか？

そう、キリスト誕生を祝福しに訪れた東方の三賢人です。東方、つまりペルシアのほうから三人の博士たちが珍しい宝を持って、キリストが生まれたベツレヘムの馬小屋にやってきた。宝とは黄金・乳香《にゅうこう》・没薬《もつやく》※だそうですが、それをイエスの父母に献じたのはそれぞれ若者の賢者・壮年の賢者・老年の賢者だといいます。

※黄金・乳香・没薬＝黄金は貴金属の金。乳香はカンラン科の樹木の樹液を固めた乳白色の樹脂で、焚《た》くとよい香りがし、鎮痛・止血などの薬効があるという。没薬もカンラン科樹木の樹脂で、赤褐色のゴム状。香として用い、鎮痛、殺菌作用があるとされる。ミイラの防腐処理に用いた。

千歳・黒色尉・白色尉に対応していませんか？

もう一つ、ご覧いただきましょう。

左頁の、翁の装束で両手を広げた姿（写真②）に何かを思い起こしませんか？

十字架です。

ローマに発する八角形と四角形の紋様をまとって、十字架のポーズをとっている。

これらの符号が何を意味するのか、「翁」の形式が現在の形に整ったのは比較的新しい時代だといわれていますが、興味深いですね。


私には大倉という苗字のほかに氏《うじ》があります。源平藤橘《げんぺいとうきつ》などの氏ですね。

私は秦氏です。正しい名は、大倉源次郎秦宗治《はたむねつぐ》といいます。

能楽師の多くは秦氏に何らかの関係があるのです。

『翁』を演じてきました大和四座の面々、すなわちそれは秦氏の子孫たちだったのです。

世阿弥の『風姿花伝』には、能楽の前身である猿楽（申楽）の開祖は秦河勝である、と書かれています。その子が代々猿楽を継承してきて、大和四座へ、現代の能楽師たちへと受け継がれてきたのです。

古《いにしえ》から談山神社で能楽師が『翁』を奉じてきたことの意味を、深く考えさせられます。

①

②

③

④

①「千歳《せんざい》」（若い男）：観世三郎太
②両手を広げた翁「白式尉」：観世清和
③『三番叟』揉之段（若い男）：野村萬斎
④『三番叟』鈴之段「黒式尉」：野村萬斎

談山神社『翁』（写真：松井良浩）

◎日本史の影に存在した渡来人・秦氏と能楽

――ここで秦河勝一族について、簡単にまとめておきましょう。ごく定説的なまとめです。秦氏は一説に三世紀から六世紀頃、朝鮮半島を経由して日本にやってきた大陸系渡来人です。秦氏という氏族の名は始皇帝の秦に由来するとの伝承があるので、本人たちは秦の末裔を自任していたということでしょう。

源次郎　当時の渡来人は先進的な技術や知識をもってやってきました。秦氏はその一方の代表で、もう一方の代表は漢氏《あやうじ》でしょう。これは漢の劉邦一族の末裔を称し、奈良に本拠を置いた東《あずまの》漢氏《あや》と大阪湾方面の西《かわちのあや》漢氏とがあります。

秦氏の特徴は人数が多いことで、欽明天皇在位頃の戸籍には七千戸以上の秦姓が記録されています。古代律令国家では家族と郎党合わせて二十五人ほどで一戸を構成したといいますから、その計算でいくと十七万人以上の動員力をもつ大勢力ということになります。

――その頃から秦氏は「大蔵《おおくら》」や「内蔵《うちくら》」をもって朝廷に仕えたとされていますね。「蔵」とは財政のことですから、財力で朝廷の権力を支えたのですね。

源次郎　古代の秦氏でもっとも有名なのは先に触れた秦河勝で、欽明・敏達《びだつ》・用明《ようめい》・崇峻《すしゅん》・推古《すい こ》の五代の天皇に仕えたともいわれ、推古朝では聖徳太子のもっともそば近くに仕えました。河勝は山城《やましろ》、今日の京都府に領地をもっていました。山城とは山背とも表記されます。聖徳太子の長子である山背大兄王は、山城の秦氏を後ろ盾にして育ったとも考えられます。皇族の名前にはしばしば地名が使われますが、それはパトロンの所在地であったり育った場所だったりするのです。

一説には、山背大兄王子とその一族は聖徳太子歿後、蘇我入鹿に皆、一度に滅ぼされます。山背大兄王は山城の屯倉《みやけ》（直轄地《ちょっかつ》）に救援を乞うたのですが、どうもはかばかしい返事が得られず、悲観して自ら死地へ入ったという見方もあります。おそらく秦河勝などの有力な後援者がすでに亡くなっていたか病気だったかなどで、秦氏は窮地の王に援軍を出せなかったのでしょう。

――それから秦氏には河勝のような歴史に名高いリーダーが現れなくなります。山城ではなく近江に朴市秦氏《えちはた》が出て、朴市秦造《えちはたのみやつこ》田来津《たくつ》という将軍は白村江《はくすきのえ》の戦いに参戦しています（戦死）が、以降は歴史の表舞台には出ず、静かに生きていくことを選んだようです。

一方、東漢氏はその時々の権力者と強く結びつき、たとえば東漢直駒《やまとのあやのあたいこま》は蘇我馬子に命じられて第三十二代崇峻天皇を暗殺したりと、権力の暴力装置・謀略機関として働きました。そして大いに繁栄したと思うのですが、天武《てんむ》天皇のときに、これまで犯した罪を糾弾《きゅうだん》されました。権力に深くコミットしすぎると、このように自らの手を汚すようなこともしなければならないということですね。

秦氏はそれを潔しとしなかったのでしょうか、歴史の表舞台から姿を消しました。しかし技術と知識で国や人民に奉仕することはやめず、領地の山城国桂川《かつらがわ》の治水など公共事業や、酒造、養蚕・機織り、馬の売買などの実業で大いに栄えました。一族も大いに増え、近江から美濃や越《こし》の国（現・北陸地方）、関東などの東国、四国一円、筑紫《つくし》（現・九州地方）、周防《すおう》（現・山口県）、吉備《きび》（現・岡山県）、播磨・摂津と広く展開していきます。

飛鳥・奈良朝では、『国栖』の項でも触れたように、壬申の乱という大権力闘争がありました。その結果、天武天皇が兄・天智天皇の系統を抑え込んで、天武、持統《じとう》、文武《もんむ》、聖武と自身の皇統を繋いできました。

しかし女帝の第四十六代孝謙《こうけん》天皇（重祚《ちょうそ》して第四十八代称徳《しょうとく》天皇※）が独身であったため皇統

は途絶え、天智系の第四十九代光仁《こうにん》天皇※が擁立《ようりつ》されます。光仁天皇は天智の孫で、権力基盤は強くありません。そのかわり、后《きさき》が聖武天皇の皇女・井上《いのえ》内親王だったことが大きかったのでしょう。天智・天武双方の皇統が残る、ということも擁立の理由にあったでしょう。

しかし井上内親王は息子の皇太子ともども巫蠱《ふこ》（呪詛《じゅそ》）の罪で告発され、牢死します。天智側からの巻き返し、権力闘争なのでしょう。

そして新たな皇太子となったのが山部《やまのべ》親王、のちの第五十代桓武《かんむ》天皇※です。

源次郎　桓武天皇は、権勢の乏《とぼ》しかったご自身の出自や、権力が巡ってきた偶然、権力闘争の凄惨さなど、歴史のダイナミズムをよくご覧になってこられたのでしょう、それまで天武系の都として栄えた奈良を捨てて、新たな地に遷宮を企図します。人心一新を図ったのです。まず最初に長岡に遷都しました。次が葛野《かどの》、つまり平安京です。じつはこのどちらも秦氏

※孝謙天皇・称徳天皇＝父は聖武天皇、母は歴史上はじめて人臣から皇后となった光明《こうみょう》皇后（藤原不比等《ふじわらのふひと》の息女）。父・聖武天皇同様に仏教を護持したが、僧・道鏡《どうきょう》を重用するなど問題もあった。
※光仁天皇＝天智天皇の第七皇子・施基《しきの》皇子の六男。白壁王《しらかべのおおきみ》と呼ばれ、六十一歳で即位した。
※桓武天皇＝光仁天皇の第一皇子。父の譲位により四十四歳で即位。子に平城《へいぜい》天皇・嵯峨天皇・淳和《じゅんな》天皇がいる。

の領地なのです。秦氏が開拓し、整備した地に、都を移そうとした。秦氏の協力なしにはできなかったはずです。逆に、秦氏が桓武天皇を京都に招き入れたのかもしれません。『白鬚《しらひげ》』で比叡山《ひえいざん》を開闢しようとした際、地元の反対運動があったという話、あるいは『大《おお》江山《えやま》』で桓武天皇と酒呑童子《しゅてんどうじ》が交わした約束を思い出してください。これらは能の曲に残ってきたフィクションだということになっていますが、実際の歴史の局面でも実在したのではないか、少なくとも歴史上の事件のリアリティを伝えているのではないか、と思いませんか？

――実際に、長岡京の造営にあたっては、「秦忌寸足長《はたのいみきなりなが》※」「大秦公忌寸宅守《おおはたのきみいみきやかもり》」「秦忌寸都岐麻呂《はたのいみきときまろ》」などの秦氏が抜擢され、活躍したそうですね。

もちろん、長岡遷都事業の最高責任者「造長岡宮使《ぐうし》」は藤原種継《ふじわらのたねつぐ》※であり、つまり行政の実権は藤原氏にあったのでしょう。秦氏は種継の命令で資金を出し、工事を担当したのでは。

次の平安京では造宮長官は藤原小黒麻呂《ふじわらのおぐろまろ》という、藤原不比等の曾孫になりました。この小黒麻呂と秦氏は縁戚関係を結びます。こうして秦氏の血は藤原摂関《せっかん》家に入っていくのですが、栄華を誇った藤原氏と違って秦氏が歴史で脚光を浴びることはありませんでした。

源次郎　数百年後、秦氏の血を引く観阿弥・世阿弥が各地の神楽《かぐら》（神楽）を集大成します。しめす偏を取って「申楽」、つまり今日の能楽につながる藝能を大成した、という説もあります。

（これは白拍子の「白」は神々のことを白拍子《もうす》、との伝承があるゆえに記させていただきました。敬白）

◎『翁』の祈り、神さまのお辞儀

源次郎　『翁』は能のすべての曲の中でもっとも古く、神聖とされる曲です。特別な曲であるため、能の「五番立《ごばんだて》」（神・男・女・狂・鬼）のどれにも分類されません。能楽師だけで演じるのではなく、三番叟は必ず狂言師が演じます。果たしてこれは能に分類できるのか、ともいわれます。「能にして能にあらず」といわれる所以です。

能でも狂言でもないかもしれない、それゆえ『翁』だけ特別に「翁藝能」として語られる

※忌寸＝当時の秦氏に下賜された姓《かばね》。天武十三（六八四）年に制定された「八色《やくさ》の姓《かばね》」の第四位。八色の姓は、真人《まひと》・朝臣・宿禰《すくね》・忌寸・道師《みちのし》・臣《おみ》・連《むらじ》・稲置《いなぎ》の八級。

※藤原種継＝藤原四家の一つ藤原式家（不比等の三男・宇合《うまかい》を祖とする）出身。官僚としては和気清麻呂《わけのきよまろ》の同期。延暦《えんりゃく》三（七八四）年、平城京から長岡京への遷都責任者（造長岡宮使）に任命され、秦氏の協力を得て造営をおこなう。翌年、造宮監督中に弓矢で射られ、死亡。暗殺は大伴氏の仕業とされ、皇太弟・早良《さわら》親王の廃嫡《はいちゃく》、憤死にまで発展した。

ことがあります。

『翁』は祝福の曲です。おめでたいことがあったときに特別に舞われます。江戸後期になると、能は一日に五つの曲を上演するのを基本としました（五番立）。が、『翁』はそれに先立って演じられました。

『翁』という曲の意味はわかりづらいです。しかし曲の詞章は大変シンプルで、わかりやすいことこのうえない。「天下泰平《てんかたいへい》、国土安穏《こくどあんのん》」を祈願しているのだということは誰にでもわかります。

古《いにしえ》の『翁』は誰が舞ったのでしょうか。

能楽師はその昔猿楽の大夫《たゆう》といいました。座の長、もっとも上位の大夫が舞ったのです。

では、『翁』は誰の前で演じられたのでしょう。

権力者ですね。最初に秦氏が舞を演じた相手は、乙巳の変で天下を取った中大兄皇子だったかもしれません。その後は藤原氏の天下になりますから、代々の猿楽大夫は藤原家の中枢で、天下泰平・国土安穏を祈ったのでしょう。

ということは、猿楽の大夫たちは権力者に絶対服従を誓っているのかもしれない。秦氏は有力な豪族ではありましたが、渡来人ですから確固たる地盤がありません。河勝にしても、誰か権力者に迫害されて——蘇我入鹿でしょうか？——播磨国へ逃れたという伝承もあります。

権力者の前で天下泰平を祈願して舞うということは、権力への絶対服従を誓っているのでしょうか。そうかもしれない。あるいは、一族を代表して権力者の前に出て、進んで宣誓する役を引き受けたのかもしれません。

負けるが勝ち、という言葉もあるわけです。両手《もろて》を挙げて全面降伏して、私たちはここにいる人たちに従って仲よくしますから、あなた方どうか妙な侵略をやめてください、と権力者に頭を下げるのです。

この『翁』の舞いの最初と最後には翁がお辞儀します。この礼が誰に対してのお辞儀なのか、謎といえば謎なのです。

将軍に対してでしょう、という方は、よくおわかりではありますが、残念ながら幕府の式礼しかご存じないともいえます。演者の立場でいえば権力者に対してのみお辞儀をしているとは思えないのです。

古代の祭りで、踊り手が村の人たちに頭を下げる舞いがあります。海の向こうの楽園から神さまが五穀をもってやってくる。神さまは五穀を村人に授けた後、帰り際に振り返って村人たちに深々と頭を下げる、そういう祭りがあるのです。

それが沖縄のアカ□□・クロ□□という仮面の神さまです。アカ□□、クロ□□、シロ□

□といった神さまたちが海上のニライカナイ※からやってきた、という祭りが残っているのです。
（ここ、申し訳ありませんが伏せ字にさせていただきます。みだりに神さまの名前を公開するのは畏《おそ》れ多い、そういう畏怖《いふ》を抱かされる神さまなのです）

これは五穀を伝えてくれた人たちを忘れないために続けているのだ、と伺いました。

アカ□□やクロ□□は、そもそも「写真に撮ってはいけない」とされ、強いタブー※をまとった神さまで、そのお祭りも秘祭とされました。外来者にはどこでお祭りがおこなわれるのかもわからない。

宮古島の仮面の神さま、パーントゥもそうですね。泥だらけの蔦《つた》をまとった異様な姿が有名ですが、いつ開催されるのかわからないので観光客はほとんど見ることができません。

南西諸島にはこういう不思議なお祭りが多い。太古のお祭りのタブーが失われずに残っているのです。

今はインターネットで何でも検索できますから、この神さまを検索すると仮面の写真が出てきます。一時はこの情報が外に出てしまうのは大変なタブーだったとも聞きますが、今は検索すれば参加することができる。私が聞いた話では、ある島の部落に一番古い形のお祭りがあり、それを残すために一切を秘密にして、そこから伝播した別の島の部落のお祭りをあえてあるていど公開しているのだそうです。

空港があるような大きな島でおこなわれるお祭りは、もちろん撮影はできませんが、私たち部外者でも参加することはできます。仮面の神さまも、タブーを破ると祟《たた》るような恐ろしい神さまではなく、葉で全身を覆《おお》いバチを持って踊る神さまです。アカ□□さまと一緒に島中の人たちが歌ってじつに楽しそうでした。

神さまはニライカナイから訪れて、寿福を授けてくださる。寿福とは、五穀の種です。これを仲よく育てると、秋にはみんなで収穫を楽しめて、翌年の生活が保証されるよ、と授けてくださるのです。

『翁』の詞章に「幸い心にまかせたり」とありますが、その謡の意味が古い琉球の仮面神のお祭りにははっきり顕れていて、両者が通じたときには驚きとともに鳥肌が立ちました。

※ニライカナイ＝沖縄・奄美《あまみ》に伝わる理想郷の伝説。はるか遠い東（または南東）の海の彼方にある神の世界。ここから来る神が豊穣をもたらし、帰ってゆく。人の魂もここから来てここへ帰る、とされる。『古事記』や『日本書紀』に記された「常世国《とこよのくに》」と似ている。
※タブー＝触ったり、言及したり、見たりしてはならない、という決まり。禁忌《きんき》。神聖なこと・場所・言葉（名前）、あるいは不浄なものについての掟《おきて》。たとえば、『翁』の上演前には演者は精進潔斎《しょうじんけっさい》のため一定期間物忌《ものい》みをし、別火《べっか》といって炊事の火を日常のものとは違う聖別された火にかえる。また、女性を見たりその身体に触れることも禁じられる。

「幸い」の種を授けるから、あなたたちの力で幸いの心をつかみなさい、そして、よろしく頼みますよ、と神さまが百姓《おおみたから》に頭を下げるのです。

神さまのお辞儀には、権力者の向こうにいる百姓《おおみたから》に頭を下げている、そういう深い念《おも》いも読み取れるのです。

天津神《あまつかみ》が天孫降臨《てんそんこうりん》し、国津神《くにつかみ》の協力を得て、神仏の加護を得てあの世に天国を求めるのではなく、地上に天国を創《つく》る。

これが日本の目指した国造りで、藝能者としての能楽師は太古よりこれに奉仕しているのだ、と私は考えています。

コラム③ 不思議な『船弁慶《ふなべんけい》』――能の構造

『船弁慶《ふなべんけい》』は『平家物語』などに題材を採った〝五番目物〟の代表的な曲で、大人気の曲です。

作者は観世小次郎信光《かんぜこじろうのぶみつ》（宝徳《ほうとく》二・一四五〇年～永正《えいしょう》十三・一五一六年）。世阿弥《ぜあみ》の甥《おい》・音阿弥《おんあみ》の子ですが、ワキ方を専任とし、また太鼓の名手であったと聞いています。能作者として多くの曲を残し、『船弁慶』のほかに『紅葉狩《もみじがり》』『遊《ゆ》行柳《ぎょうやなぎ》』『鐘巻』などが知られています。『鐘《かね》巻《まき》』は今は廃曲ですが、あの『道成寺《どうじょうじ》』のもとになった曲です。

世阿弥に『西行桜《さいぎょうざくら》』という桜の精を描いた曲がありますが、晩年の小次郎は『遊行柳』で柳の精を登場させました。世阿弥が花を求めたのに対して、派手な曲を書いてきた小次郎があえて花を出さない曲を書いたのです。小次郎おそるべし、と思います。

源義経《みなもとのよしつね》は平家を滅ぼした侍大将として大出世しますが、兄・頼朝《よりとも》の怒りを買って都から西国へ落ちることとなり、摂津《せっつ》の大物浦で愛《あい》妾《しょう》の静御前《しずかごぜん》と別れを惜しみます。ここまでが前場《まえば》。

義経は子方が演じます。ワキは弁慶《べんけい》。『船弁慶』の題名に謳《うた》われる役（タイトルロール？）ですが、ワキなんですね。そして前場のシテは静御前です。

間狂言《アイきょうげん》もこの曲の見せ場で、雇われて船頭をつとめる漁師を狂言師が演じます。そして舞台が海上となる後場《のちば》は打って変わって、後シテは平知盛《たいらのとももり》の怨霊なのです。

現代のミュージカルなどでは、ある役のオーディションをして、もっとも役のイメージに近い俳優さんを採用します。『美女と野獣』でしたらヒロインと野獣を演じる役者が途中で入れ替わって劇が続くことはあり得ないでしょう。

しかし能では、体格のいい役者さん、背の高い役者さん、あるいは小さい役者さんでも、同じ面《おもて》・装束《しょうぞく》という装置をつければその役になれるのです。それが役に入る、役に成り入る、ということです。

ですから『船弁慶』では、前シテの静御前と後シテの平知盛を同じ人が演じられるのです。いってみれば、太っている人でも痩せている人でも静御前を演じられます。能とはそういうことが可能な〝約束事〟の世界なのです。

『船弁慶』の主役を義経として見てゆくと、義経を取り巻く人間絵巻が広がります。彼の周りには、恋愛感情をもつ静御前、敵対感情をもつ平知盛、忠義を尽くす弁慶、金で雇われた船頭……が集まってくる。さらに弁慶に仕えている従者がいて、これは義経の家来の家来ということになりますから弁慶や船頭とは少し立場が違います。これら現代にも当てはまる人間関係の縮図が『船弁慶』なんですね。

さまざまな立場の人が出てきて、恋に苦しむ人は静御前に、組織やリーダーへの忠誠心に悩む人は弁慶に、激しい恨みに身を焦《こ》がす人は知盛に、それぞれ寄り添って仮託して観ることができる。

義経は子方ですから非常に抽象化されていますが、恋、恨み、あるいは部下の忠義など、義経を中心にドラマが湧《わ》き起こるのです。

まだ子どもだった私に、『船弁慶』は義経を中心に観てみると面白いよ、と教えてくださったのは大槻文蔵《おおつきぶんぞう》先生（シテ方観世流）でした。

それにしても、つくられたのは中世ですが、これだけの構成演出がなされている作品が書き残され、いまだに演じ続けられているという歴史をお知りおきいただきたいですね。言葉をともなって伝わる、劇としての面白さがあると思います。

　話は戻りますが、どのような体型の、誰が静御前を演じても、弁慶を演じても、それなりに見せてしまうのは、序章で触れた「摺《す》り足」や「シオリ」、「足拍子《あしびょうし》」などの型がそうさせているからなのです。

　決められた型は窮屈なようにも思われるかもしれませんが、それぞれの体型が同じ所作をするのですから、むしろ個性は際立ちます。それでいて、きちんと静や弁慶に見えるのです。

　九世・観世《かんぜ》銕之丞《てつのじょう》さん（シテ方観世流）がよく言われることですが、たとえば日本の学校の制服、あれなども同じデザインなのに、大柄な人、小柄な人、皆が同じ制服を着せられることによってかえって個性がとても際立つ、といえると思います。

　たとえば「シオリ」で同じ所作をしたとしても人によって表出するものがまったく変わる。それを楽しめるのは、日本の文化が多様性を認めているからなのです。体型にかかわらず、どのような人でもさまざまなキャラクターになって演じることができるのが、〝役に入る〟お能という藝能の面白さなのです。

「船弁慶」

特別章　新作能『えきやく』

新作能をお目にかけましょう。作者は「水原二郎」氏です。

令和二（二〇二〇）年の春・夏はコロナ対策ということで能楽上演も激減しました。じつはその前から、目に見えないウイルス、人類共通の病気に対する恐怖、それを取り巻く人間たちの行動と、その愚かさの両方がずっと気になっていたのです。これはまさしく能の題材にふさわしいな、と。

私自身、能楽協会「能楽公演2020」では担当理事の一人としてコロナ対応に奔走《ほんそう》しました。さまざまな分野の専門家の方と協議を重ねる中で、現代と古代がつながるような感覚を強く感じたのです。

そんな中、コロナを題材にした新作能が水原氏によって書かれたのです。

本書を手に取っていただいた方の中には、すでに能を稽古されておられる方から、興味はあっても謡《うたい》の稽古は敷居が高いとお感じの方、あるいは能に触れるのはまったくのはじめて、という方もいらっしゃると思います。

のちほど、水原氏による創作メモをご紹介します。作者自らの解題というわけですが、堅苦しく考えず、こういうことが謡の詞章《ししょう》ではこうなるのか、と感じながらお読みいただければと思います。

【えきやく】

前シテ／少　年
後シテ／えきやく神
ワ　キ／修　行　者
子　方／果実の精
間狂言《アイきょうげん》／社　　人

［次第《しだい》※］
ワキ　清き水上尋《みなかみたず》ねてや。清き水上尋ねてや。御《み》やまの奥を尋ねん。
［名宣《なのり》※］
ワキ　これは、丹波国《たんばの》より出《い》でたる修行者《しゅぎょうじゃ》にてそうろう。
このたび、思い立ち肥後国《ひごの》を尋ねそうろう。これより東国に向かい神社仏閣に詣《まい》らばやと存じそうろう。

［道行《みちゆき》］※

ワキ　古《いにしえ》の。阿蘇《あそ》の御社《みやしろ》伏し拝み。（打切）※阿蘇の御社伏し拝み、飛来る梅を他所《よそ》に見て、はるかの都忍びつつ。（打切）瀬戸の内海《うつみ》を過ぎゆけば。波も淡路《あわじ》の島見えて、過ぐればやがて難波津《なにわづ》の。天満《あまみ》つ社《やしろ》に着きにけり。天満つ社に着きにけり。

［着き台詞《ぜりふ》］※

ワキ　これは早、難波津天満宮《てんまぐう》に着きてそうろう。先《ま》ずは手水《ちょうず》にて手口を濯《すす》がばやと存じそうろう。や、手水の水の枯れたるは如何なる謂《いわ》れのあるやらん。

シテ　のうのう、その手水は止められてあるぞよ。もとより、神前に向かうときは身を清め心直《す》ぐにして詣《まい》るものを、このたびの流行《はや》り病、えき病蔓延《はびこ》りたりける中に、古《いにしえ》の作法を教えずして人の手により止めたまいたる愚かさよ。土も草木《くさき》も天より降《くだ》る、雨露《あめつゆ》の恵みを受けるなるに、愚かの人のおこないやな。

ワキ　これは、不思議の御事《おんこと》かな。美しき少年一人来《きた》ると思えば、手水はもとより雨露の理《ことわり》。こはそもいかなることやらん。

［サシ］※

シテ　それ大海《たいかい》より起こる雲は高き山に留《とど》まり雨を降《ふ》らし。
ワキ　木の葉を伝い草葉を潤《うるお》し、やがて流れを伴《ともな》い里ざとを緑に彩《いろど》り
シテ　生きとし生けるものに命を与え
ワキ　大河となり
シテ　輪廻《りんね》する。
地謡　大海に。巡る月日も鮮やかに（打切）巡る月日も鮮やかに、降り来る雨も穏《おだ》やかに。
五風十雨《ごふうじゅうう》の狂いなく、山川草木《さんせんそうもく》潤せり。禽獣虫魚《きんじゅうちゅうぎょ》の末までも、皆、尽《ことごと》く逃《のが》れざる。

［ロンギ※］

シテ　春の水。清き流れは青く澄み、若き命を育《はぐく》めり。
地謡　さてまた夏の日照りには。（ヤヲハ）※紅《あか》く火照《ひで》りたる。身を涼《すず》しむる嬉しさよ
シテ　秋くれば。秋くれば。白き水は紅《くれない》の。紅葉《もみじ》の葉をば浮かめたり
地謡　冬の景色に凍りなば、姿を変えて驚かす。
シテ　黒く濁れることあれど、寄せくる波に
地謡　洗われて、いつしか蒼《あお》き水。思えば水と波までも、神と仏の隔《へだ》てにて清き流れを。
止《と》むるべからず常《とことわ》と、言い捨てて失《う》せにけり、言うかと見えて失せにけり。

［中入《なかいり》］

間《アイ》　これに現れたるは当社に仕える社人《しゃにん》にてそうろう。このたびはえき病蔓延《はびこ》り人びとの生活《たつき》が息苦しくなった。心身を清めるために、設《しつら》えた手水を止めるなど以《もっ》ての外《ほか》にてそうらえど。流行り病《やまい》を防ぐためには購《あがな》えることではない。

［ワキと間狂言との掛け合い］少年との不思議な出会いを聞き、えき病とやく病の違いを述べる。

ワキ　えき病は流行り病のことでウイルスと呼ばれる目に見えぬものが人を苦しめるが、やがて弱毒となり体内に潜《ひそ》む。やく病はやく病神というように災厄《さいやく》となって人の心に棲《す》みつき、人の心をここまで貶《おとし》めるかと思うほど恐ろしき心と聞いた。さて、手水は斯様《かよう》にすることで心身ともに清めらるるものにてそうろう。

間　や、水が湧《わ》いた。崇神《すじん》天皇の御代《みよ》にえき病退散の願いを込めて。手水を設え、参《さん》集《しゅうしゃ》者の身と心を清められた。

これは当社の神も納受《のうじゅ》したまいた。さらにえき病・やく病退散の祈願をいたそう。

［祝詞《のりと》］

謹上再拝《きんじょうさいはい》※（本打ち込みより下り端《さがりは》※）

［渡拍子《わたりびょうし》※］

子方（二名～数名）　色々の

地謡　色々の、草木を彩る花ばなの。梅、桃、橘《たちばな》。瓜《うり》、蕪《かぶら》（演能の土地の名産を謡う）
四季折々の実を結ぶ、雨の恵みはありがたや。天《あめ》の恵みはありがたや。

子方　水結ぶ

地謡　水結ぶ。紡《つむ》ぐは、縁絆《えにしきずな》にて、千代《ちよ》に八千代《やちよ》にほどかぬに。にわかに風の吹きた
り。雲、たちまちに塞《ふさ》がりて。景色変わるぞ不思議なる。

［早笛《はやふえ》※］

後シテ　そもそもこれは太古の昔より現《うつ》し身《み》に姿を隠し生きながらえる、やくえきの精魂《せいこん》
なり。

地謡（ノル）※　あるときは、強毒を以て、災《わざわ》いをなししが。高床に住みて下足のおこない。
人の距離を保ちぬるも。君子《くんし》の交わり淡《あわ》き水と、風雨の勢い凄《すさ》ましく。水に移りて
恐ろしや。

［働《はたらき》※］

シテ　いかに旅人、恐るるな慎《つつし》めよ

地謡　いかに旅人、恐るるな慎めよ、恐るる心を思い起こさしめ。目に見えぬものに惑《まど》わ
され、他《た》をそしり、我と我が身を、責むる種《たね》となり。風に乗り山を越え、谷に満ち

満ち、木の葉をそよぎ、地を走り天翔《あまか》ける。
巡り巡りて吹き荒れる我が姿、常《とこ》しえに。

シテ　思い起こせよ

地謡　思い起こせよ、数々《かずかず》古《いにしえ》の、日の本の習い。受け継ぐ世々《よよ》に、今よりのちは善神《ぜんじん》となならん。今よりのちは善神とならんと。えきやくの姿は失せにけり。

※次第＝謡曲の構成単位である小段の名称の一つ。冒頭で登場したワキが七五二句七・四一句を短く謡い、さまざまな情景描写・場面設定を行う。また、囃子《はやし》のみの登場曲を指すこともある。
※名宣＝小段の名称の一つ。舞台に登場した人物が、自己紹介や場面設定などを語ること。
※道行＝小段の名称の一つ。人物が旅をする様子を表す。地名・風景・旅姿などを謡い込み、移動する。
※打切＝囃子方の手くばりの一種。気分を変えたり、流れを調整する効果がある。
※着き台詞＝「道行」の結果、到着したことを表すセリフ。
※サシ＝小段の名称の一つ。比較的前のほうに配置される段で、風景や心象などが謡われる。拍子不合※で謡われ、囃子は「あしらう」。
※拍子合《ひょうしあい》・拍子不合《あわず》＝拍子合は八拍子の理論で謡われる。拍子不合は拍子を崩して謡う、いわゆる「あしらい」もしくは「あしらう」という〝囃子方とつかず離れず〟を保つ奏法のこと。
※ロンギ＝小段の名称の一つ。拍子合の謡で、役と役、または役と地謡が問答形式で掛け合いをしながら謡う。
※ヤヲハ＝謡い出しの指示の一つ。「三拍半から謡う」の意。ほにヤヲ、ヤなどがある。
※謹上再拝＝神官などが祈る場面を象徴する言葉。

※本打ち込みより下り端＝能の決まり事の一つ。この場合、登場曲「下り端」につながる。囃子方の手くばり。
※渡拍子＝囃子のリズムの一つ。または、このリズムに乗って謡われる謡。
※早笛＝後シテなど変身後の人物が登場する際に奏《かな》でる囃子の一つ。韋駄天《いだてん》・鬼神などの役柄が登場する際の登場曲で、目の前に勢いよく飛び出てくるさまを表す。
早笛に対して、遠くを滑空するさまをゆったりとしたテンポで表現する「大癋面《おおべし》」がある。大癋面は遠くを飛ぶ飛行機を見ているような、早笛は目の前をＦ１マシンが通過するような、同じフレーズをゆっくり演奏するか、大変速く演奏するかで手くばりが変わります。（源次郎）
※ノル＝能楽の演技全般においてリズムなどを「ノリ」というが、ノリの調子を変える、移行することを「ノル」という。この場合、一拍に詞章の一文字ずつを当てる「大ノリ謡」のことを指す。
※働＝神や鬼などが登場する場面で、その威力（働き）を表現すること。とくに舞いがかりのことを「舞《まい》働《ばたらき》」という。

【作者解題】

もうお気づきかと思いますが「水原二郎」氏とは〝水＋原＝源〟つまり私のことです。名付け親は興福寺《こうふくじ》の多川俊映《たがわしゅんえい》前貫首《かんす》です。

この新作能『えきやく』は令和二（二〇二〇）年八月十日未明に目覚めて、短時間で一気に書き上げました。

そして迎えた朝、古い友人の医師からえき病とやく病の違いを教えていただくメールが入りました。もつべきものは友ですね。これは何かの天啓《てんけい》か！　と驚きつつ、間狂言の詞章に挿入し、ほぼ出来上がりとなりました。

しかし読み直すと無駄がなさすぎて少し面白くない。そこでいわゆる〝風流《ふりゅう》〟（絵解き）の部分を入れてみようと思い直し、渡拍子の「果実の段」を作詞しました。

では、創作メモをお目にかけましょう。

一、ワキは特定の人をモデルにしています。今回は全国を飛び回る方をイメージしてみました。丹波国から、アマビエの里である肥後国を行脚《あんぎゃ》して阿蘇神宮〜太宰府《だざいふ》〜瀬戸内〜大阪と旅している現代の修行者です。具体的には皆さんのご想像にお任せします。

二、私が大阪の稽古場にしている朝陽《ちょうよう》会館は大阪天満宮の表門前にあります。お稽古に伺うときはほぼ必ず拝礼、または参拝させていただきます。そして、ここの手水がコロナ自粛の頃から使用禁止になってしまったのです。それを疑問に思ったことが前場《まえば》の設定になっています。

三、水が輪廻の相を表すことは、子供の頃に観世静夫《かんぜしずお》（八世銕之亟《てつのじょう》）先生からお教えいただきました。『山姥《やまうば》』のテーマは難しいが、と、輪廻を水に譬《たと》えてお話しくださったのです。それが「それ大海より起こる雲は高き山に留まり雨を降らし」の輪廻の段落です。

四、水が四季折々姿を変えていくことを五行《ごぎょう》の五色《ごしき》※になぞらえて書き進めました。春―青。夏―赤。秋―白。冬―黒。そしてもう一度春と巡るさまを表してきれいな水に巡るのが中入までです。

五、間語《アイ》りでは土地の物知りに手水のことと、えき病、やく病の違いを語ってもらいます。

六、書き足した風流（絵解き）の部分はきれいな水を含んで大きく実った梅、桃、橘、瓜、蕪といった草木の果実の精が出てきて水の大切さを謡い上げます。

七、風は風邪とも涼風とも表わされるようにさまざまに変化します。また、地球上のあらゆるところに国境もなく行き渡ります。新宮晋※さんの動く彫刻『風のミュージアム・ウインドキャラバン』と出会って以来、感じていたことを主に善悪不二《ぜんあくふに》※の観点で書き上げました。

八、最後は後シテを水と呼応させるような終わり方もある、とも考えましたが、まずは希望系の定型として、善神となって消えてもらいました。

九、日本文化は、言霊《ことだま》の文化といわれます。言挙《ことあ》げすることは、願望が表れるということです。ですからよい言葉の裏にも、現実は違うのでよくなってほしい、という願望が詠《よ》み込まれていることが多くあると考えています。

天狗《てんぐ》物には、人の足では越えにくい山や谷も、風がさらさらと吹き抜けるように、といった表現がよくあります。風には、さまざまな難事を乗り越えていけるように、との願望が込められているのです。

※五行の五色＝自然界の物質が木火土金水の五元素に由来すると唱えた中国古代の世界観。各元素は青（木）、赤（火）、黄（土）、白（金）、黒（水）の五色で表される。

※新宮晋＝彫刻家（昭和十二・一九三七年〜）。風や水など自然の力で動く作品を作る。「風のミュージアム」は兵庫県三田市の県立有馬富士公園に常設展示されている作品群。「ウインドキャラバン」は世界各地の六か所に作品を設置・巡回し、現地の人びととの交流を図ったプロジェクト。

※善悪不二＝善と悪は別の二つのものではない、とする仏教の考え方。「ぜんなくふに」とも読む。

十、常套句《じょうとう》の「峯の嵐や。谷の水音」というのは風水の音楽として超古代より大自然が奏《かな》でる音楽のことです。大自然の蓄音器なのです。人も作物もそれを聴いて育つわけですから、望む望まぬにかかわらずその恩恵を受けています。

それを前場の謡の中に「禽獣虫魚の末までも〜千代に八千代にほどかぬに」として、大自然の恵みから我々生き物は逃れられないという絶対条件を書き込みました。これは『鷺《さぎ》』のような能にもある表現で、後場《のちば》に絵解きとして対応反映させています。

いかがでしたでしょうか？

人類よりも古い歴史を持つといわれるウイルスは、人に対してよくも悪くも働きます。そこで人はよくも悪くも行動します。

結句では結論をあえて書かない方法で書き進めましたので、「何を言いたいのかわからない」と思われるかもしれません。読み手に思いを巡らす余白を残してあります。主語をさまざまに変えて読み直してみてください。

今回、この新作能はＳＮＳのFacebookで発表しました。私の友人は約二千六百人いらっしゃいますが、謡など能を習っておられる方は三分の一ほどかと思います。今回は、まだ能と出会っておられない方に、能が生まれていく現場に立ち会っていただこうと思ってこのような試みをしてみました。

シテ方五流の方々にご協力いただき、まずは節付けをお願いしています。いずれかの流儀を習っていれば、各流儀の節で謡えるのだということを、謡をご存じない方にお伝えしたい、と思うのです。

何年先になるかわかりませんが、もし各流儀でこの曲が上演されることがあれば、それを見比べ、聴き比べていただくと、たとえば『羽衣《はごろも》』という能が各流で上演され始めたときを追体験するかのように皆さまにご覧いただけるのではないかと考えております。

能楽に触れずにこられた方も、各流の謡をお聴き比べいただけるであろうこの機会に、ぜひトライしていただければと思います。

コラム④
乗馬のたのしみ

ロシアのサンクトペテルブルクへ行ったとき、街中で若い女性が馬を曳《ひ》いているのに出会いました。すると彼女は「乗りませんか?」と声をかけてきたのです。日常的に人びとが行き交う公園で、です。

そのときはふだんのように和装ではありませんでしたので馬に乗ることができました。公園のロータリーを二周させてもらいました。

神戸の甲南中学校時代、二年生まで馬術部に入っていたのです。変わった部のある贅沢な学校でした。

甲南中学は神戸の中・高・大一貫教育のいわゆる〝お坊ちゃん学校〟で、中学から大学まで馬術部がありました。大学では珍しくありませんが、中学の馬術部は珍しいでしょう。ほかにないクラブ、ということで入りました。

一見、乗馬と能楽に関係はなさそうですが、これが関係あるんですね。乗馬をやったおかげでしょうか、ノリがよくなる(笑)。

月曜から金曜までは学校でトレーニングやミーティング、実際に馬上での練習ができるのは土日だけです。

芦屋にある学校に馬がいるのではなくて、兵庫の三木に厩舎《きゅうしゃ》と馬場がありました。学校から電車で一時間ほどです。ですので毎週土日だけ練習に通っていました。

とても楽しみにしていたのですが、二年生の後半頃から土日の舞台が忙しくなってきて、トレーニングはできても馬に乗れない、ということが多くなり、泣く泣く退部しました。

ちょうど小さな障害を飛び始めた頃ですから、

面白くなってきて、もうちょっとやりたかったな、と思いながらの退部ですから残念でした。

しかし中一・中二、二年間の乗馬体験は貴重なものになりました。

山奥の馬場では馬のお世話をしました。秋になると大学の先輩が運転するトラックで農家さんに行き、刈ったばかりの稲藁《いなわら》をわけてもらって、それを束にしてトラックに山積みにして厩舎まで持って帰り、厩舎の二階の屋根裏に上げて、一年分の藁のストックを作ります。

藁は馬の寝藁に使いますし、三センチほどに裁断して青草やフスマ（製粉時に除かれる小麦の外皮や胚芽）などと混ぜて餌にも使います。一年間上手にやりくりしました。飼い葉は私たちが手で混ぜてあげていました。疝痛《せんつう》（馬の便秘・腹痛）を起こしたらいけないので必ず水を飲ませたり、鎌を持って山に美味しい草を刈りに行ったり、馬体の管理も面白かったです。

朝、おしっこで汚れた寝藁を取って裏の庭に広げて干して、馬房を掃除してやります。天気がいいと馬糞が自然発火することもありました。発酵するのと乾燥するのがいっぺんに起きるからでしょうか、ブスブス燻《くすぶ》って燃えるのです。

一度噛まれたこともあります。左手でした。

二年という短い間ですが、こうして馬の世話をさせてもらったおかげで身についた〝自然観〟のようなものがあります。ありがたいことでした。

子どものうちに身につけた感覚は一生残りますから、自転車と同じで、乗馬も一度覚えたら一生忘れません。中学以来ずいぶんご無沙汰していましたが、大人になって軽井沢で一度乗ってみたら、けっこう乗り方を覚えていて、とても嬉しかった。それ以来、機会があれば乗るようにしています。

子どもたちにも経験させたいので、コロナウイルスのため営業自粛になる以前は、一緒に乗馬クラブに行ったりしていました。

乗馬クラブには小柄な馬もいれば、大きく立派な馬体の馬もいます。大型馬では体高が一・八メートルにもなりますから私の身長と同じくらいです。その上に座るのですからちょっと怖い高さです。

馬はいいですね。賢いですから、外乗りに行くと、乗り手をバカにして勝手に道草を食って、進んでくれないこともありますが。

街中に馬のような大きな動物がいるのはよいことです。先のサンクトペテルブルクの女性も、近くに家があって厩舎があるわけです。

外国には観光用の馬車のある街も多いですが、単に物珍しいだけではありません。馬と馬車しかなかった時代と現代がつながっていることが、馬の存在でわかるのです。この石畳の道をほんの百年前までは馬が走っていたのだ、と。

何より、馬という大型動物が街中にいることは、人間もまた動物だということをも思い出させてくれるのです。

「サンクトペテルブルクでの乗馬」

あとがき

二〇二〇年春、新型コロナが世界中で猛威を振るい出した頃、本書の聞き書きが佳境を迎えていました。

インターネットのおかげで世界中の人類が同じ恐怖体験を共有している不思議さを感じつつ、ひと昔前ならば知り得ない情報、知らなくてもよい知識がどんどん身の回りを囲み、罹《かか》ってもいない病気になるかもしれない恐怖が身体を蝕《むしば》みました。

やがて視聴率を追いかけるメディアは恐怖をあおり、批判を繰り返し、視聴者を混乱に陥《おとしい》れました。ふだんはバラエティとお笑いのプログラムばかりのテレビを見ない人さえも、コロナに関しては日々さまざまなメディアが発信する感染者の数に一喜一憂する日々が続き、その姿自体がお笑い番組になるような始末でした。

コロナと人類の知恵比べ。

流行り病の疫病（エキビョウ）と心の病の疫病（ヤクビョウ）が同じ字であることを知ったのは、

昨年十月十日未明に疫病をテーマに、ふっと新作能を書き上げた朝に送られてきた医師の友人のメールでした。

伝統芸能、能楽。コロナの陰で見落としてはいけないもの、コロナのおかげで見えてきた脆弱《ぜいじゃく》性。これらにしっかりと向かい合う時間をいただけました。

さて、扶桑社から今回のお話をいただいたときは、別の出版社から出した前著の経験がありましたので、ご迷惑をおかけします、とまずはお断りさせていただくつもりでした。

聞き役、および小生の言葉を文章化する難事業をお引き受けいただいた瀬尾健さん、編集の労をお取りいただいた小原美千代さんには本当に大変な思いをしていただき、感謝の念に絶えません。

ご協力をいただきました皆様に改めて感謝申し上げます。

最初に『古事記』を読んだときに疑問に感じたことが、本書をつくり上げることができた原動力だったかもしれません。不思議に感じたり疑問に感じたことを対話し、原稿にして行く中で、自分自身が大変勉強になりました。

本書をお手に取ってくださいました皆さんにも、能楽を通して日本の歴史を考え、知る面白さを少しでも共有していただけましたら幸いです。

歴史を知り次の行動をとることは、未来をつくることです。そして、本書が皆さんにとって次に何をすべきかを知るきっかけになれば幸いに思います。
次は、能の何に感動したか！　を書き留めてみたくなりました。

大倉源次郎秦宗治《おおくらげんじろうはたむねつぐ》

◉参考文献

『海人と天皇　日本とは何か』（上・中・下）梅原猛　朝日文庫　二〇一一
『梅原猛の授業　能を観る』梅原猛　朝日新聞出版　二〇一二
『役行者と修験道の歴史　歴史文化ライブラリー98』宮家準　吉川弘文館　二〇〇〇
『大倉源次郎の能楽談義』大倉源次郎　淡交社　二〇一七
『カラー百科　見る・知る・読む　能五十番』小林保治、石黒吉次郎　勉誠出版　二〇一三
『観世寿夫著作集二　仮面の演技』観世寿夫　平凡社　一九八一
『大成版　観世流謡曲全集』観世左近　檜書店　一九八三
『寺社が語る 秦氏の正体』関裕二　祥伝社新書　二〇一八
『戦国武将と能楽　信長・秀吉・家康』原田香織　新典社新書　二〇一八
『謎の大王 継体天皇』水谷千秋　文春新書　二〇〇一
『謎の渡来人 秦氏』水谷千秋　文春新書　二〇〇九
『能鑑賞二百六十一番　現行謡曲解題』金子直樹　淡交新書　二〇一八
『能楽ハンドブック「能」のすべてがわかる小事典　第3版』戸井田道三監修　小林保治編　三省堂　二〇〇八
『能って、何？』松岡心平編　新書館　二〇〇〇
『能ナビ　誰も教えてくれなかった能の見方』渡辺保　マガジンハウス　二〇一〇
『能を考える』山折哲雄　中公叢書　二〇一四
『明恵上人　愛蔵版』白洲正子　新潮社　一九九九
『明恵上人集』久保田淳・山口秋穂校注　ワイド版 岩波文庫　一九九四
『明恵　遍歴と夢』奥田勲　東京大学出版会　一九七八
『明恵　夢を生きる』河合隼雄　講談社＋α文庫　一九九五
『謡曲を読もう　謡曲百番集　改訂版』夕田謙二　弦書房　二〇一七

◉関連情報

本書を読みながら、また読んだあとに、能についてもっと知りたい方へ！

◎国立能楽堂　https://www.ntj.jac.go.jp/
東京都渋谷区千駄ヶ谷4-18-1
流儀流派を超えた公演のほか、演者や研究者による各種講座も開催。

◎公益社団法人 能楽協会 公式サイト nohgaku.or.jp
「曲目データベース」をはじめ、本書を読みながら活用できる、能楽について参考となるあらゆる資料がまとめられているサイト。

◎一般社団法人 日本芸術文化戦略機構 公式サイト（JACSO）
www.jacso.jp
能楽をはじめとした、日本の伝統文化の価値創造を様々な形で体現することを目的に2020年設立。著者は歴史文化事業部担当理事を務める（理事長 岡田満次郎〈シテ方宝生流能楽師 辰巳満次郎〉）

◎大倉源次郎ホームページ
http://www.hanatudumi.com/

◎ YouTube「源次郎ちゃんねる〜華通信〜」
著者が開設。能楽の演目や鼓の解説、お稽古風景の動画配信など、能楽の情報を発信。

◎「THE ART OF NOH　能〜舞と囃子の世界〜」
—人間国宝 大倉流小鼓方十六世宗家大倉源次郎がひも解く—
能を大成させた世阿弥が唱えた演能の基礎「二曲（歌と舞）三体（老体、女体、軍隊）」を手がかりに、舞、謡、囃子など能の魅力を多方面から紹介。
Noh Society Youtube Channel
日本語版：https://youtu.be/K0x4GPbHP1s
英語字幕版：https://youtu.be/84zMXnD0bhQ

◎檜書店
能楽関連書籍の出版社、書店。江戸時代から続く観世流・金剛流謡本の版元。
雑誌『観世』を発行。現代語訳で能を読む「対訳でたのしむ能」シリーズ、初心者にもわかりやすい「まんがで楽しむ」シリーズなどを出版。能楽公演の字幕サービス「能サポ」を提供。
東京都千代田区神田小川町2-1
hinoki-shoten.co.jp

大倉源次郎（おおくら・げんじろう）

能楽小鼓方大倉流十六世宗家。公益社団法人能楽協会理事。一般社団法人 日本能楽会会員。一九五七年（昭和三十二年）、大倉流十五世宗家・大倉長十郎の次男として大阪に生まれる。一九六四年（昭和三十九年）、独鼓「鮎之段」にて初舞台。一九八一年（昭和五十六年）甲南大学卒業。一九八五年（昭和六十年）、能楽小鼓方大倉流十六世宗家になる（同時に大鼓宗家預かり）。二〇一七年（平成二十九年）重要無形文化財保持者（人間国宝）各個認定。大阪文化祭奨励賞。咲くやこの花賞（大阪市）、大阪文化祭賞（団体）、大阪舞台芸術賞奨励賞（団体）、観世寿夫記念法政大学能楽賞などを受賞。

【著作】

『大倉流手付第一集、第二集』大倉会発行
『小鼓』自費出版　一九九三年
『大倉流小史』私家本　一九九七年
『大倉源次郎の能楽談義』淡交社刊　二〇一七年

【活動】

二〇〇九年 能楽DVD『大和秦曲抄』制作
二〇一〇年 能楽DVD『五体風姿』制作
二〇一七年 新宮晋「風のミュージアム」（兵庫県三田市）で「風の能」制作
二〇一七年 インド・ブッダガーヤなど仏教聖地にて奉納演奏。
二〇一八年 「アートアクアリウム美術館」（東京都中央区）アーティスト木村英智氏の要請を受け、中国・上海のオープニング能楽公演に参加。劇場型レストラン「水戯庵」（東京都中央区）立ち上げに協力。
二〇一九年 フランスLV財団より招聘を受け、シャルロット・ペリアン展覧会のオープニング能楽公演制作。
二〇二〇年 一般社団法人JACSO理事として能楽を日本文化の中心に捉え直し歴史、文化の再構築を展開する活動を開始する。
二〇二〇年 YouTubeに『源次郎チャンネル』を開設して能楽の情報発信を続ける。

【大倉源次郎HP】http://www.hanatudumi.com

◎聞き手＝瀬尾 健
◎校正＝皆川 秀

能から紐解く日本史

発行日 2021年3月31日 初版第1刷発行
2024年2月10日 第3刷発行

著 者 大倉源次郎《おおくらげんじろう》
発行者 小池英彦
発行所 株式会社 扶桑社
〒105-8070 東京都港区芝浦1-1-1 浜松町ビルディング
電話 03-6368-8870（編集）03-6368-8891（郵便室）
www.fusosha.co.jp

DTP製作 生田敦
印刷・製本 中央精版印刷株式会社

ISBN978-4-594-08417-2